KASPAR/KRAXNER/LANG: CHRISTLICH LEBEN

Peter Paul Kaspar / Alois Kraxner
Gerhard Lang

Christlich leben

Wer ist ein Christ?
Wie lebt ein Christ?
Wie engagiert sich ein Christ?

Katholische Aktion
Österreichs

Satz und Druck: Missionsdruckerei St. Gabriel
Umschlaggestaltung: Georg Schmid

Inhalt

Geleitwort (Bischof Maximilian Aichern) 9

Erster Teil:
WER IST EIN CHRIST?
(Peter Paul Kaspar) 11

Der fragende Mensch 11
Der glaubende Mensch 13

1 **Woher wir kommen** 19
Ein schaffender Gott 22

2 **Worin wir feststehen** 26
Ein liebender Gott 29

3 **Was uns leben läßt** 32
Lieben und Geliebtwerden 35

4 **Was uns leiden macht** 38
Ein leidender Gott 40

5 **Was uns schuldig macht** 45
Ein versöhnlicher Gott 48

6 **Was uns verbindet** 52
Ein einigender Gott 55

7 **Wohin wir gehen** 59
Den Tod überleben 61

Wer ist nun wirklich ein Christ? 65

Zweiter Teil:
WIE LEBT EIN CHRIST?

(Alois Kraxner) 69

1 **Freiheit, Verantwortung, Betroffenheit, Liebe** 70
Freiheit zum Guten 70
Bereitschaft, Verantwortung zu übernehmen .. 73
Betroffenheit 76
Liebe — die Grundformel des Lebens 78

2 **Liebe Gott** 80
Gott suchen 81
Sich von den Götzen zum wahren Gott bekehren 83
An Gott glauben, auf ihn hoffen, ihn lieben ... 86
Den Namen Gottes ehren, ihn nicht mißbrauchen 93
Die Beziehung zu Gott pflegen 95

3 **Liebe den Nächsten** 98
Formen der Liebe 99
Woran sich christliche Nächstenliebe orientiert 104
Was heißt, den Nächsten lieben? 106

4 **Liebe dich selbst** 113
Sich selbst erkennen 114
Sich selbst bejahen und annehmen 117
Das eigene Leben fördern und entfalten 119
Zur Freiheit befreien 122
Sich in Freiheit binden 125
Mut zur Umkehr 126

Dritter Teil:
WIE ENGAGIERT SICH EIN CHRIST?
(Gerhard Lang)

(Gerhard Lang) 131

1 **Der engagierte Christ ist ein Jünger Jesu** 134

2 **Der engagierte Christ glaubt an die Utopien des Evangeliums** 136

3 **Der engagierte Christ ist in der Jüngergemeinde Jesu beheimatet** 138

4 **Der engagierte Christ bezeugt in seinem Leben, woran er glaubt** 140

5 **Der engagierte Christ geht auf den anderen zu** 142

6 **Der engagierte Christ ist bereit, sich zu informieren und zu bilden** 144

7 **Der engagierte Christ überdenkt sein Engagement** 146

8 **Der engagierte Christ läßt sich helfen** 148

9 **Zeugnisse engagierter Christen** 150

Nachwort 157
Weiterführende Literatur 159

Geleitwort

Liebe Mitchristen!

„Seid stets bereit, jedem Rede und Antwort zu stehen, der nach der Hoffnung fragt, die euch erfüllt!" (1 Petr 3, 15)

Es ist wohl gut so, daß wir Christen uns immer wieder befragen lassen müssen, was denn an unserem Leben christlich sei. Und es ist auch gut, daß uns die Menschen nicht so sehr nach den gesagten als nach den gelebten Antworten fragen. Deshalb lautet die entscheidende Frage nicht „Was sagen die Christen?", sondern „Wie leben die Christen?". Und so heißt dieses Buch auch:

„Christlich leben".

In einem Buch läßt sich freilich nur sagen, wie ein Christ leben soll. Doch soll das nicht nur gesagt, sondern es soll vorgelebt werden. So gliedert sich die Frage nach einem christlichen Leben in drei Schwerpunkte:

Wer ist ein Christ?
Wie lebt ein Christ?
Wie engagiert sich ein Christ?

Autoren und Mitarbeiter aus der Katholischen Aktion Österreichs haben in mehrjähriger Arbeit dieses Buch geplant, geschrieben, verbessert und nun herausgegeben. Es soll vor allem der Bildungs- und Gruppenarbeit in den Pfarren dienen, aber auch dem einzelnen Christen helfen.

In den letzten Jahren wurde immer wieder die Frage nach der „Spiritualität“ des Christen gestellt — nach der „Geistigkeit“, die sein Denken, und nach der „Begeisterung“, die sein Handeln bestimmt. Ich wünsche diesem Buch eine große Verbreitung, seinen Benützern, insbesondere aus der Katholischen Aktion Österreichs, daß ihr Leben ein glaubwürdiges Zeugnis für Christus sei.

Maximilian Aichern
Bischof von Linz

Erster Teil

Wer ist ein Christ?

Peter Paul Kaspar

Der fragende Mensch

„Der Mensch ist ein Wesen, das Fragen stellt." So könnte man das grundsätzliche Dilemma beschreiben, daß unser Wissen stets hinter dem zurückbleibt, was wir wissen wollen. Mit jeder Antwort tauchen neue Fragen auf. Das Suchen nach neuen Antworten treibt den Menschen immer weiter, sodaß manchmal geradezu der Eindruck entsteht, das Suchen wäre wichtiger als das Gefundene. Und je weiter unser Suchen in die diffizilsten Geheimnisse der Molekularbiologie oder des Weltraums eindringen will, desto ratloser stehen immer mehr Menschen vor der naheliegenden und grundlegenden Frage: Wozu lebe ich eigentlich?

> „Es gibt nur ein wirklich ernstes philosophisches Problem: den Selbstmord." (Albert Camus)

Manchmal hat es den Anschein, als wäre in vielen Menschen das Fragen schon abgestorben, erstickt in Alltäglichkeiten und der Routine des Gelebtwerdens.

> „Auch der ungeistige, oberflächliche, dem Denken abgeneigte Mensch hat noch jenes uralte Bedürfnis, einen Sinn seines Lebens zu kennen,

und wenn er keinen mehr findet, steht das Privatleben unter dem Zeichen wildgesteigerter Selbstsucht und gesteigerter Todesangst."
(Hermann Hesse)

Die Tiefenpsychologie weist mit Recht darauf hin, daß es den Menschen krank mache, in seinem Leben kein Ziel zu haben und keinen Sinn zu finden. Es „kränkt" den Menschen, sinnlos dahinzuleben, ja es kann ihn sogar töten. (So mancher Selbstmord verweist auf die Todesursache: Depression aus Sinnlosigkeitsgefühlen.)

Eine Situation, die auch abgestumpfte Menschen aus ihrer „Fraglosigkeit" herausreißen kann, ist die Konfrontation mit dem Tod. Nur fragen wir dann allzu oft: Warum ist er gestorben? statt: Wozu hat sie gelebt?

„Nicht der Tod ist der Sinn des Lebens, sondern das Leben ist der Sinn des Todes." (Jean Anouilh)

Vom Tod her die Frage nach dem Leben aufzurollen war schon seit jeher eine Methode mancher Religionen und Weisheitslehren. Und vielfach wird uns schon eine Frage dadurch klarer, daß wir uns um ein paar Jahrzehnte weiter oder an den Rand des Todes versetzen: So wird manches, das uns jetzt wichtig scheint, unwichtig — oder jetzt Unbedeutendes gewinnt an Bedeutung.

Manchmal scheint es so, daß wir unser Fragen und Suchen allzu früh aufgeben und es den professionellen „Antwortern" überlassen, uns Lösungen anzubieten: den Wissenschaftern, den Politikern, den Meinungsmachern, den Psychologen und — in etwas abnehmendem Maß — den Priestern, Theologen und Kirchenführern. Dabei kann es leicht geschehen, daß wir mit Antworten, aber auch mit Surrogaten (Schein- und Ersatzantworten) überschüttet werden, noch bevor wir dazugekommen sind, unsere eigenen Fragen zu formulieren und unsere Fragefähigkeit weiterzuentwickeln.

Aus der Lernpsychologie wissen wir, daß das Stellen einer eigenen, einer schöpferischen Frage eine große geistige Leistung ist. Ein Kind, das von sich aus eine Frage zu stellen vermag, beweist damit die Fähigkeit, die rechte Antwort auch zu verarbeiten. Denn in der schöpferischen Frage liegt die größere Leistung als in der aufzunehmenden Antwort. Deshalb disqualifiziert sich jeder Pädagoge selbst, der Fragen unbeantwortet läßt oder mit dem Hinweis abwehrt, das Kind sei dafür noch zu klein, unreif oder dumm.

Die schöpferische Neugier ist es letztlich, der wir in unseren Kulturen vielerlei Bildungsinstitutionen und Schulen errichten. Daß den Kindern ihre Neugier dort manchmal eher ausgetrieben als befriedigt wird, spricht gegen die Schulen — nicht gegen die Kinder. Und so wie manche Lehrer freuen sich auch Seelsorger und Religionslehrer nicht immer über fragefreudige Schüler und Zuhörer. So kommt es immer wieder zu unbeantworteten Fragen — aber auch zu ungefragten Antworten.

Der glaubende Mensch

Wenn der Mensch auf die grundlegenden Fragen seines Lebens Antworten findet, dann kann er glauben. Einer, der weiß, wozu er lebt, ist gläubig. Nicht gleich in einem religiösen Sinn — davon sprechen wir erst, wenn Gott in dieser Antwort vorkommt. Doch es gibt auch einen „vorreligiösen Glauben“. Vorreligiös „glaubt“ ein Mensch, der an sich selbst, an andere Menschen und an Ideen glauben kann. Ein solcher „Glaube“ gibt seinem Leben Sinn, Ziel, Orientierung. Zweifellos ist sowohl der vorreligiöse als auch der religiöse Glaube bei vielen Menschen diffus, wenig durchdacht und schwer zu formulieren. Doch wenn er vorhanden ist, stabilisiert er, läßt er „feststehen“, einen Boden unter den Füßen spüren. Der Verlust eines auch wenig bewußten Glaubens „erschüttert“ — ja totaler Glaubensverlust kann (oder muß) einen Menschen zu Fall bringen: Es ist unmöglich, nicht zu glauben.

Der religiöse Glaube (bei dem also außer an sich selbst, an andere und an Ideen auch noch an Gott geglaubt wird) ist dann ein bewußter und mündiger Glaube, wenn er als sinnvolle Antwort auf die Grundfragen unserer Existenz erfahren wird. Kurz gesagt — wenn mein Glaube die Frage beantwortet, wozu ich eigentlich lebe. Diese Grundfrage läßt sich aufschlüsseln in zwei Fragenkreise: **Wer bin ich? — Wozu lebe ich?**

Wer bin ich? — das heißt genauer:
Woher komme ich?
Worin stehe ich fest?
Wohin gehe ich?

Wozu lebe ich? — das heißt genauer:
Was läßt mich leben?
Wie kann ich mit Leid fertig werden?
Wie kann ich mit Schuld fertig werden?
Was verbindet mich mit den anderen?

Diese Fragen kommen aus bestimmten Bedingungen des Menschseins:

1 Der Mensch ist **ein Wesen, das nach sich selbst fragt —**
deshalb fragt er: **Woher komme ich?**
(Herkunft, Familie, Kultur, Religion)

2 Der Mench ist **ein Wesen, das glauben kann —**
deshalb fragt er: **Worin stehe ich fest?**
(Selbstwertgefühl, Urvertrauen, Geliebtwerden, Identität)

3 Der Mensch ist **ein Wesen, das Sinn sucht —**
deshalb fragt er: **Was läßt mich leben?**
(Liebesfähigkeit, Brüder-/Schwesterlichkeit, Lebenssinn)

4 Der Mensch ist **ein Wesen, das leiden muß —**
deshalb fragt er: **Wie kann ich Leid bewältigen?**
(gegen Leid kämpfen, trösten, mitleiden, Leid tragen)

5 Der Mensch ist **ein Wesen, das schuldig wird —**
deshalb fragt er: **Wie kann ich Schuld bewältigen?**
(bewältigen, versöhnen, Sühne, Stellvertretung)

6 Der Mensch ist **ein Wesen, das Gemeinschaft will —**
deshalb fragt er: **Was verbindet mich mit anderen?**
(Miteinander, Beheimatung, Solidarität, gemeinsame Ziele)

7 Der Mensch ist **ein Wesen, das Hoffnung braucht —**
deshalb fragt er: **Wohin gehe ich?**
(Lebensziel, Sehnsüchte, Utopien, Transzendenz)

In Klammern stehen jeweils die vorreligiösen Antworten, die sich Menschen immer schon gesucht haben, wenn die jeweilige Frage besonders drängend wurde. In ihnen findet sich vielfach schon der Keim für die weiterentwickelte Antwort der Religion: etwa Liebesfähigkeit, trösten, versöhnen. Ja manchmal hat man den Eindruck, daß manche wertvolle vorreligiöse Antwort in der Praxis des Christentums in Vergessenheit geraten ist. Mit oder ohne Religion — der Mensch kommt um diese Grundfragen nicht herum.

Die „Grund-Sätze" des christlichen Glaubens sind eigentlich nichts anderes als Antworten auf diese Fragen. Leider wird das nicht immer deutlich. Denn die Formulierung dieser Antworten ist in der Denk- und Sprechweise der Antike gefaßt. Viele Glaubenssätze entstanden aus Streitigkeiten frühchristlicher Zeit, etwa um Irrlehren abzuwehren. Manche Glaubensformeln wurden im Mittelalter oder auf Konzilien abgefaßt, manchmal haben einzelne Worte im Laufe der Jahrhunderte ihre Bedeutung geändert, manche Formeln sind ohne Kommentar kaum noch verständlich. Wenn all diese Umstände nicht mehr bedacht werden, kann es vorkommen, daß etwa ein Prediger „Antworten" gibt, ohne daß seine Zuhörer merken, daß es welche sind. Oder ein Christ geht in die Kirche mit manchen offenen Fragen und ärgert sich vielleicht, daß sie vom Pfarrer nicht aufgegriffen werden. Diese Situation des „Aneinander-vorbei-Fragens-und-Antwortens" scheint für manche Predigt und manchen Religionsunterricht kennzeichnend zu sein.

Erst wenn die Grundsätze des christlichen Glaubens wieder als Antworten unserer Lebensfragen begriffen werden, wird unser Glaube glaubwürdig. Darum soll es im Kommenden gehen.

Deshalb heißen die sieben Abschnitte:

1 Woher wir kommen
2 Worin wir feststehen
3 Was uns leben läßt
4 Was uns leiden macht
5 Was uns schuldig macht
6 Was uns verbindet
7 Wohin wir gehen

Als Antwort auf diese (unvollständige) Reihe von Fragen erscheinen, wenn aus dem Geist biblischen und christlichen Denkens gesucht wird, religiöse Grundwahrheiten (ebenfalls unvollständig). Diese Wahrheiten werden mehrfach formuliert:

— zuerst in einem **Bibeltext,**
— dann in einem zeitgemäßen **Glaubenstext,**
— dann in einer offiziell kirchlichen **Formel**
— und zuletzt in einem **Gebet.**

Für jeden der sieben Abschnitte ergeben sich somit fünf Schritte, die durch Ziffern am Rand gekennzeichnet sind:

1 Die Frage wird mit Hilfe eines Textes aktualisiert und zugespitzt.
2 Es werden vorreligiöse und vorläufige Antworten angeführt und auf ihre Brauchbarkeit hin besprochen.
3 Das Diskussionsfeld dieses Fragengebietes mit Einwänden und Folgeproblemen wird abgesteckt.
4 Die christliche Antwort wird unter Verwendung der Bibel dargelegt.

5 Diese Antwort wird mit Hilfe einer modernen und einer klassischen Kurzformel und einem Gebet entfaltet.

Was wir nicht wollen und können: Einen Katechismus oder ein Glaubensbuch anbieten, einen Ersatz für viele gute und ausführliche Handbücher leisten, Vollständigkeit oder Ausgewogenheit erreichen . . .

Was wir wollen und uns wünschen: Daß Fragen wieder ernstgenommen werden, daß Antworten angedeutet (und nicht immer gleich endgültig formuliert) werden, daß Glaube wieder mehr von der Erfahrung ausgeht, daß die altgewohnten Antworten vielleicht auch wieder aufregend neu erscheinen, daß es wieder lohnend scheint, über den eigenen Glauben nachzudenken oder gemeinsam über den Glauben zu sprechen.

Der „fragende Mensch" wird auch im Bereich des Glaubens mit jeder Antwort auf neue Fragen stoßen. Für dieses „Abenteuer des Glaubens" haben wir versucht, einen Wegweiser zu erstellen, ein Fahrtenbuch, einen Fahrplan, einen Überblick, einen Reiseführer.

Christen wissen sich bei dieser Reise in guter Begleitung. Letztlich ist es Christus, der uns „in Frage stellt" — doch auch zu Antworten führt.

1 Woher wir kommen

1 Die Frage „Woher wir kommen“ beruht nicht auf bloßer Neugier — sie ist vielmehr eine der vielen Verkleidungen der grundlegenden Frage nach unserer Identität. Wir fragen nach unserer Herkunft, weil wir wissen wollen, was uns geprägt hat, was uns zu dem gemacht hat, was wir sind. Wir wollen wissen, wo wir hingehören, wer wir sind.

Die Frage nach unserer Herkunft und Identität ist jedoch auch keine isolierte Frage, die für sich allein gestellt und beantwortet werden könnte. Sie ist vielmehr eine Ausgangsfrage, die mit jeder Antwort neue Folgefragen aufwirft. Letztlich geht es um die Bedingung menschlicher Existenz, um die Deutung von Glück und Angst, von Leid, Liebe und Trauer:

> „Im Augenblick der Geburt stellt das Leben dem Menschen eine Frage, die er in jedem Augenblick seines Lebens beantworten muß; nicht sein Geist, nicht sein Körper, sondern er, der Mensch, der denkt und träumt, schläft und ißt, weint und lacht — der ganze Mensch —, muß sie beantworten. Was ist diese Frage, die das Leben stellt? Sie lautet: Wie können wir das Leiden, das Eingekerkertsein, die Schande überwinden, die das Empfinden der Isoliertheit erzeugt; wie können wir zu einer Harmonie mit uns selbst, mit unseren Mitmenschen und mit der Natur gelangen?“
> (Erich Fromm)

Eine einfache Weise, mit dem Fragen zu beginnen, setzt beim Gefühl der Beheimatung an: „Wo ist meine Heimat?“ Wo ich mich daheim fühle, wo ich mich „verwurzelt“ fühle, wo jene Wurzeln sind, aus denen ich gewachsen bin: die Eltern (deren Namen ich trage), das Volk (dessen Sprache ich spreche), die Kultur (die mein Denken und Empfinden prägt), die Landschaft, die Gebräuche, die Umgangsformen, die vielerlei Einflüsse, die mich prägten. (Auch Entwurzelung kann prägen.)

2 In solchen Überlegungen sind bereits erste, sozusagen vorreligiöse Antworten begründet. Sie sind „vorläufig“, auch in dem Sinn, daß sie den tieferen Einsichten vorangehen, daß sie auf spätere und umfassende Antworten verweisen.

Bei solch vorläufigen Antworten stoßen wir auf besonders „prägende“ Erfahrungen: Etwa Menschen, die unser Selbstbewußtsein geweckt, unser Selbstwertgefühl bestärkt und unsere Liebesfähigkeit bewirkt haben. Andere haben vielleicht unsere Begabungen gefördert, unsere Berufswahl beeinflußt. Und irgendwoher haben wir auch unsere Einstellungen, unsere Werthaltungen, unseren Glauben . . .

Und hier lohnt sich wohl das Nachdenken darüber, wie ich Christ geworden bin (— und ob ich es wirklich bin) . . .

Natürlich gibt es auch Erfahrungen, Menschen, Umstände und Begegnungen, die mich gehemmt haben, denen ich vielleicht eine (nicht unbedingt körperliche) Behinderung verdanke, eine Störung, ein Leid . . .

Es gibt also auch ein „zorniges Verdanken“ oder ein bekümmertes; einen „Blick zurück im Zorn“ oder im Schmerz. Trotzdem — die vorläufige Antwort auf die Frage nach dem „Woher“ mündet meist in irgendeinen „Dank“. Ich ver-danke mich.

3 Freilich stellt sich hier die Frage, wie frei wir dann noch sind, da wir uns doch so vielen Menschen und Einflüssen verdanken. Sind wir da nicht in manchem bevorzugt, in anderem wieder benachteiligt? Wer kann denn etwas dafür, wo und unter welchen Umständen er geboren wird? Und erst, wenn wir die Vererbung und die vorgeburtlichen Prägungen bedenken: Mit welchen Startvor-, aber auch -nachteilen beginnt unser Lebenslauf? Und: Wer hat uns überhaupt gefragt, ob wir tatsächlich „in dieses Leben geworfen" werden wollen? Stecken nicht auch in den vermeintlichen Startnachteilen gewisse „Vorteile", Chancen, an Aufgaben zu wachsen, an Herausforderungen zu reifen? Und wenn wir unseren Glauben überlegen — wer hat ihn denn wirklich frei und unbeeinflußt gewählt? Und was ist mit denen, die ihn nie empfangen haben? Und sind andere Religionen wertlos? Oder etwa alle gleich viel (wenig) wert?

Wer die Frage nach dem „Woher" weiter verfolgt, kommt auch zu den Ursprüngen des Menschen, ja der gesamten Welt. Und auch hier sagt unsere Herkunft etwas darüber aus, wer wir sind: Etwa wenn wir fragen, ob wir Produkt eines blinden Zufalls oder Ergebnis sehenden Planens sind. Hat uns jemand gewollt? Genauso, wie es für ein Kind wichtig ist, ob es von den Eltern gewünscht, erwartet, gewollt ist — genauso sehnt sich die Menschheit danach, gewollt zu sein. Gibt es einen, der sagt: Ich will den Menschen? Seit den uralten Schöpfungsmythen suchen Menschen — Dichter, Weise und Philosophen — immer wieder nach der einen Antwort.

Ein schaffender Gott

4 Die alten Bibeltexte, die Gott die Erde durch sein Wort (Gen 1 — aber auch Joh 1) oder den Menschen aus Lehm (Gen 2) erschaffen lassen, sind keineswegs dumm und kindisch, sondern eher auf kindliche Art weise: Sie verweisen auf eine Herkunft von Welt und Mensch, die nicht aus ungewissem Zufall in ungewisse Zukunft führt, sondern aus der Hand Gottes — zurück in seine Hand. Was des Menschen Ursprung ist, ist ebenso sein Ziel:

> „Gott, der die Welt erschaffen hat und alles in ihr, er, der Herr über Himmel und Erde, wohnt nicht in Tempeln, die von Menschenhand gemacht sind. Er läßt sich auch nicht von Menschen bedienen, als brauche er etwas: er, der allen das Leben, den Atem und alles gibt. Er hat aus einem einzigen Menschen das ganze Menschengeschlecht erschaffen, damit es die Erde bewohne. Er hat für sie bestimmte Zeiten und die Grenzen ihrer Wohnsitze festgesetzt. Sie sollen Gott suchen, ob sie ihn ertasten und finden könnten; denn keinem von uns ist er fern. Denn in ihm leben wir, bewegen wir uns und sind wir . . . "
>
> (Paulus auf dem Areopag, Apg 17, 24—28)

Solche „Glaubensformeln" kennen wir aus dem Neuen Testament, aus der Liturgie und aus Lehrtexten der Tradition. Aus ihnen spricht natürlich auch das alte Weltbild von Himmel, Erde und Unterwelt. Die heutigen Weltbilder (von den kleinsten Ordnungsgefügen der Atomphysik und der Molekularbiologie bis zu den großen Systemen der Astrophysik und der Kosmologien) verlangen eine Übertragung in die Denkmodelle und Sprachformeln unserer Zeit. Nicht abgeschafft sollen die alten Formeln werden, sondern übertragen, „hinübergetragen“ in die veränderte Welt. Aus neuen Formeln soll der alte Glaube sprechen.

5 „Ich kann nicht denken,
daß die Welt, in der wir leben,
das Ergebnis blinder Zufälle ist . . .
Ich will glauben,
daß dieses Geheimnis aller Welt,
das auch mich hervorbrachte, das mich birgt,
ein Angesicht hat,
daß es um mich weiß und mich liebt, daß ich nicht austauschbar bin,
daß ich nicht verloren sein werde.
Wir glauben an Gott, den allmächtigen Vater.“
(Lothar Zenetti)

Wenn dieser Glaubenstext auch ungewohnt beginnt, er mündet doch in eine altvertraute Formel:

„Ich glaube an den einen Gott,
den Vater, den Allmächtigen,
der alles geschaffen hat, Himmel und Erde,
die sichtbare und die unsichtbare Welt.“
(Nizäno-Konstantinopolitanisches Glaubensbekenntnis von 381)

Es mag sein, daß dieser altehrwürdige Text manchen Leser heute ein wenig verstaubt anmutet. Er möge jedoch bedenken, wie sehr diese sparsam-nüchternen Worte am Ende des antiken und zuletzt kaum mehr glaubwürdigen Vielgötterpanoptikums befreiend gewirkt haben mögen. Vielleicht gelangt dann auch er zu einem Gebet wie dem folgenden:

„Sei gelobt, mein Gott, der Du mich befreit hast von den Götzen,
und bewirkst, daß ich nur Dich anbete und keineswegs Isis oder Osiris,
oder die Gerechtigkeit oder den Fortschritt oder die Wahrheit oder das Göttliche oder die Humanität oder die Naturgesetze oder die Kunst oder die Schönheit,
und der Du kein Dasein verstattet hast all den Dingen, die nicht sind — oder die Leere, die Du abwesend zurückläßt . . .
Herr, Du hast mich erlöst von den Büchern und den Ideen, den Wahngebilden und ihren Pfaffen,
und Du hast nicht gestattet, daß Israel fröne unter dem Joch der Entmannten.
Ich weiß, Du bist kein Gott der Toten, sondern der Lebendigen."
(Paul Claudel)

Impulsfragen:

— Wo ist meine Heimat, worin bin ich verwurzelt?
— Wer (oder was) hat mich zu dem gemacht, der ich bin?
— Wem ver-danke ich mich?
— Was bedeutet mir „Gott"?
— Was bedeutet für den Christen der „Schöpfer Gott"?

Gundlegender Bibeltext: Eph 1, 3—14

Weitere Stellen: Gen 1, 1—24a; Psalmen 95, 104, 139, 148; Jes 40, 12—31; Dan 3, 51—90; Joh 1, 1—3

2 Worin wir feststehen

1 „Was macht uns stark?“ — „Worin stehen wir fest?“ — „Was verhindert, daß wir aus der Bahn geworfen werden?“ — So oder so ähnlich lautet jene Grundfrage, die wir uns stellen, wenn uns unsere Bedürftigkeit bewußt wird. Wir wissen, wie leicht uns etwas aus der Bahn werfen kann. Wir haben erlebt, daß Freunde oder Verwandte an Schicksalsschlägen zerbrochen sind. Wir lesen täglich in der Zeitung von gescheiterten Existenzen. Und was ist, wenn das mir passiert? Bin ich davor geschützt? Kann ich etwas dagegen tun, daß auch mich etwas aus der Bahn wirft — oder gar kaputtmacht?

Freilich hören wir solche Fragen ungern. Wer läßt sich schon gern an seine Schwächen erinnern:

> „Zu den am wenigsten gelösten Schlüsselproblemen unserer Zivilisation gehört der Umgang mit der Schwäche, mit der Zerbrechlichkeit, mit der Endlichkeit. Dieses Verhältnis hat zwar wesentlich mit der Geschlechterbeziehung zu tun, es ist indessen ein kulturelles Kernthema für sich, das auch im Zeichen anderer wichtiger Polarisierungen steht. Dazu zählen unter anderem die Beziehungen zwischen den Gesunden und den Kranken, zwischen den Jungen und den Alten, zwischen den Angepaßten und den Unangepaßten, zwischen den Ausbeutern und den Ausgebeuteten.“
> (Horst Eberhard Richter)

Die Frage nach dem Umgang mit Leid wird später nochmals zu stellen sein („Was uns leiden macht“). Hier geht es vorerst darum, wie wir trotz

Leid, Mißerfolg, Krankheit und all den Fragwürdigkeiten des Lebens dennoch „stehen bleiben“. Wenn uns klargeworden ist, was uns im Leben Halt gibt, haben wir nicht nur eine Grundfrage beantwortet, sondern auch einen Weg gewiesen, der uns im Leben „festigen“ kann. Was uns feststehen läßt, kann auch andere feststehen lassen.

2 Eine „vorläufige“ Antwort verweist auf jene Menschen, die uns bisher begleitet haben. Vor allem auf jene, die uns Anerkennung und Liebe geschenkt haben. Sie haben dadurch unser Selbstbewußtsein gestärkt, unsere Lebensfreude erhöht, uns innerlich „aufgebaut“.

Gerade ein Kind ist davon abhängig, ob es von andern „aufgebaut“ wird. Denn wir Erwachsene können unter Umständen mit eigener Leistung, durch Kreativität und Engagement ausgleichen, was uns an Anerkennung versagt bleibt. Dennoch — ohne Zuwendung und Anerkennung können wir kaum leben und glücklich sein.

Wenn einem Kind signalisiert wird „Du wirst geliebt“ — „Du bist etwas wert“, dann wächst in ihm Stärke. Weil es sich geliebt weiß, kann es sich auch selbst lieben. Weil es sich angenommen weiß, kann es zu sich selbst stehen. Solche Annahme, Anerkennung und Zuwendung „stabilisiert“ das Kind: es steht fest. Ein auf diese Weise „selb-ständiges““ Kind lernt nun auch, Mißerfolge und Schwierigkeiten zu überwinden — also „stehen zu bleiben“.

Wovon bisher gesprochen wurde, war eine „vorreligiöse“ Weise das Glaubens: Wir „glauben“ an andere Menschen, andere glauben an uns. Und schließlich glauben wir an uns selbst.

Wenn wir uns an anderen Menschen „aufbauen“

und „aufbauen lassen“, dann übernehmen wir (oftmals unmerklich) zugleich auch deren Einstellungen, ihre Ideale und Werthaltungen: Wir werden somit auch innerlich beeinflußt in dem, woran wir glauben. Auf diese Weise entstehen solche Lebensinhalte wie: Gerechtigkeit, Liebe, Freiheit — aber auch Geld, Macht, Prestige.
Auch das ist eine vorreligiöse Art „zu glauben“.

3 Hier wird deutlich, daß wir fürs erste nichts dafür können, ob Menschen und Umwelt uns stabilisieren oder neurotisch machen. Zum Teil liegt es nicht an uns, ob wir zu glücklichen Menschen oder zu Verbrechern werden. Die Möglichkeit einzugreifen ist gering. Aber es gibt sie. Zum Bösen hin — wie auch zum Guten. Bei uns selbst — wie auch bei anderen.

Hier entsteht leicht die Meinung, der Idealfall wäre ein rundum zufriedener und befriedigter Mensch ohne Schwächen, ohne Mißerfolge. Dabei vergißt man allzu oft, daß wir auch an den Schwierigkeiten wachsen, an den zu überwindenden Hürden erstarken und am Leiden sensibler werden können.

Trotzdem fragen wir vielleicht bekümmert oder kleinmütig: Gibt es nicht allzu viele Versagungen — und nur allzu wenig an Erfüllung? Wird nicht unser Lebenshunger allzu sehr enttäuscht? Ist unser Leben nicht ein vorprogrammierter Mißerfolg, wenn wir gesund geboren werden, um zunehmend an Vitalität gebrochen und letztlich im Tod zerbrochen zu werden? Ist der (uns doch auch von Gott geschenkte) Appetit aufs Leben nicht eigentlich ein raffinierter Schwindel?

Hier soll die Frage nach dem Schöpfer, dem Urheber geradezu „gefährlich“ zugespitzt werden: Hat er uns bloß lässig in diese Welt gesetzt, um dann zuzuschauen, was aus uns wird? Nimmt er Anteil an uns — oder hat er sich schon längst gelangweilt abgewandt? Oder sind unsere vergeblichen Ameisenkämpfe nur Zeitvertreib eines sadistischen Schöpfergottes? Liegt ihm überhaupt etwas an uns? Haßt oder liebt er uns? Oder ist er desinteressiert, abgetreten, abwesend, tot?

Ein liebender Gott

4 Vielfach wird es als die Grundfrage des Glaubens hingestellt, ob Gott überhaupt existiert. Abgesehen von der Schwierigkeit, darüber objektiv, rational und sicher Auskunft zu erhalten, wäre auch mit einer positiven Antwort noch wenig gesagt. Die tatsächlich entscheidende Frage lautet, ob es Gott *für mich* gibt. Ob er sich um uns Menschen kümmert. Ob wir ihm wichtig sind. Ob er uns liebt. Erst die positive Antwort darauf bringt Gott in unser Leben. Macht ihn wirklich (— erst darin „wirkt“ er).

> „Wir wollen lieben, weil Er uns zuerst geliebt hat. Wenn jemand sagt: Ich liebe Gott!, aber seinen Bruder haßt, ist er ein Lügner. Denn wer seinen Bruder nicht liebt, den er sieht, kann Gott nicht lieben, den er nicht sieht. Und dieses Gebot haben wir von ihm: Wer Gott liebt, soll auch seinen Bruder lieben.“ (1 Joh 4, 19—21)

(Hier, aber auch bei der „Feindesliebe“ sollten wir bedenken, daß ein jüdisches und biblisches Verständnis nicht eine bloße Gefühlsliebe, Sympathie oder Verliebtsein meint.)

5 Nicht die bloße Existenz fordert unser Leben heraus, sondern seine Liebe zu uns:

> „Gott ist die Liebe. Und er ist eine verschmähte Liebe. Das ist die große Tragik Gottes. Wir sehen Ihn oft als einen Tyrannen, der immer mehr und mehr von uns fordert, aber Er ist nichts als bittende Liebe. Der Schöpfer der Welt bettelt um deine Liebe.“ (Ernesto Cardenal)

In seinem Rundschreiben „Redemptor hominis“ (Erlöser des Menschen) schreibt der Papst:

> „Der Mensch kann nicht ohne Liebe leben. Er bleibt für sich selbst ein unbegreifliches Wesen; sein Leben ist ohne Sinn, wenn ihm nicht die Liebe geoffenbart wird, wenn er nicht der Liebe begegnet, wenn er sie nicht ernährt und sich zu eigen macht, wenn er nicht lebendigen Anteil an ihr erhält. Und eben darum macht Christus, der Erlöser, (...) dem Menschen den Menschen selbst voll kund.“ (Johannes Paul II.)

Es geht uns Menschen so, daß uns das Wissen darum, von jemandem geliebt zu werden, auch und gerade dann berührt, wenn wir solche Liebe nicht in derselben Weise erwidern können. In jedem Versuch des Menschen, Gott (zurück) zu lieben, steckt ein wenig von der Unbeholfenheit eines Kindes, das die Zuwendung der Eltern erwidert.

„Ich weiß gewiß, daß mich unser Herr Gott liebhat, ob ich gleich jetzt in großer Not stecke und nicht sehe, wie mir könne geholfen werden.
Ich befehle es aber meinem lieben Gott, der jetzt in diesem Jammer auf mich sieht wie eine Mutter auf ihr Kindlein, das sie unter ihrem Herzen getragen hat. Der wird es wohl machen, den will ich auch darum bitten und gewiß glauben, daß er mich hören und erretten wird.“ (Martin Luther)

Impulsfragen:

- Was macht uns stark, beständig, widerstandsfähig?
- Was macht uns liebesfähig?
- Weiß ich mich von Gott geliebt?
- Wenn ja — was bedeutet das (konkret)?
- Können wir Gott (zurück)lieben?

Grundlegender Bibeltext: 1 Joh 4, 7—16

Weitere Stellen: Ex 3, 1—15; Ex 19, 3—6; Dt 4, 31—40; Dt 5, 2—5; Psalmen, 23, 25, 27, 34, 91; Jes 63, 7—9; Mt 6, 25—34; Mt 8, 23—27

3 Was uns leben läßt

1 „Was ist es, das uns am Leben erhält?" — am Leben erhält über Nahrung, Kleider, Vitamine und Dach überm Kopf hinaus. Wir, die wir nackt aus dem Bauch der Mutter gezerrt und gestoßen werden, um Jahre oder Jahrzehnte später nackt und verbraucht in die Grube zu fahren — was hindert uns daran, sofort Schluß zu machen, sobald wir dieses Spiel mit seinen unerbittlichen Regeln durchschaut haben? Was ist es, das da schon im Kind heranwächst, damit es später einmal sagen kann: Ja, doch — ich bleibe!

„Die Kindheit ist ein schreckliches Reich.
Die Hände, die dich streicheln, schlagen dich.
Der Mund, der dich tröstet, brüllt dich an.
Die Arme, die dich hochheben, erdrücken dich.
Die Ohren, die dir zuhören, verstehen dich falsch.
Die Decke, die dich wärmt, gehört deinem älteren Bruder.
Die Wand, der du ein farbiges Zeichen von dir gibst,
wird einmal im Jahr übermalt.
Wenn du mit deinen Sätzen und Zeichen
woanders hingehen willst,
dann heißt es,
das geht die fremden Leute nichts an.
Wohin soll ich gehen,
wenn die eigenen Leute
so fremd zu mir sind?
Ich gehe nirgendwohin."
(Peter Turrini)

Nun wissen wir wohl schon die Antwort: Mehr als Muttermilch und Vitamine braucht der Mensch Geborgenheit und Zärtlichkeit. Mehr als Fließwasser und Bad brauchen wir die Gewißheit, angenommen zu sein, gewollt zu sein, geliebt zu sein. Doch was bedeutet das alles?

Daß wir Liebe brauchen, damit das Leben menschlich wird, ist fürs erste kein religiöses Wissen. Und manchmal wird uns gerade von Un- und Andersgläubigen glaubwürdiger gezeigt, wie man Liebe lebt.

Und wir leben ja nicht in einer Welt, in der die Liebe zur obersten Spielregel geworden ist. Eher schon der Kampf aller gegen alle. Da heißen doch die Lebensspiele: Konkurrenz, Machtkampf, Rivalität. Und nicht: Brüderlichkeit, Solidarität, Güte. (Wenn es stimmen sollte, daß der Krieg der Vater aller Dinge, die Liebe aber die Mutter aller Dinge wäre, dann leben wir noch hart im Patriarchat.)

Liebe als Lebensprinzip schafft nun keineswegs eine leidfreie Idylle — etwa im Sinn eines harmlosen „Seid lieb zueinander". Wer liebt, macht sich verletzlich. Konfliktlose Liebesbeziehungen gibt es nur in der Illusion. Lieben ist sozusagen lebensgefährlich. (Und der Christ denkt dabei an das Kreuz.)

So gesehen heißt lieben, daß wir das Mißtrauen überwinden, das sich aus unserer Verletzlichkeit ergibt. Daß wir riskieren, daß unsere Liebesversuche beleidigen, Leid schaffen. Daß wir uns unbewaffnet und ungerüstet in eine bewaffnete und gerüstete Menschheit wagen.

Freilich wissen wir: Totale Selbstlosigkeit gibt es nicht. Nur wer sich selbst lieben kann, kann auch andere lieben (und eigenartigerweise auch umgekehrt).

Trotzdem steckt in jedem Liebesversuch ein Anlauf, von sich selbst abzusehen, über sich selbst hinauszuwachsen, die Sucht nach sich selbst (die Selbstsucht) zu überwinden. In dieser Spannung bleiben wir: Wir wollen den anderen nicht zum Objekt, zum Gebrauchsgegenstand machen, ihn benützen — aber wir wollen auch selbst nicht benützt werden. Liebe ist kein gegenseitiger Benützungsvertrag.

Was aber ist Liebe wirklich? Die Freude am anderen? Der Wunsch, ihn glücklich oder gar unsterblich zu wissen? Wechselseitige, gewollte und beglückende Abhängigkeit? Das freudige Bejahen der Existenz des anderen? Die Fähigkeit, sich einem anderen mit allen Kräften der Person zuzuwenden? (Die philosophischen wie poetischen Sentenzen dazu sind zahllos.)

Das heute vielleicht häufigste Mißverständnis von Liebe besteht darin, sie für ein bloßes Gefühl zu halten (womit Liebe mit Verliebtheit oder mit Sympathischfinden verwechselt wird). Natürlich ist auch das Gefühl am Lieben beteiligt — vor allem am Aufkommen der Verliebtheit —, doch erweist sich die Liebesfähigkeit im Wollen, im Tun, im Leiden und Standhalten, ja auch im Verzichten. Liebe kann (und soll) den ganzen Menschen umfassen, der ja im Denken, im Wollen, im Fühlen und als Körper existiert. Die bloße Gefühlsliebe wäre demgegenüber eine flüchtige Illusion — weil sich Gefühle an der Realität allzu leicht verflüchtigen. Erst die Gestimmtheit, die aus Erfahrung wächst, bewährt sich im Leben. Man bedenke nur, wie Liebe unter Behinderten möglich ist, in einem Leben unter reduzierten Möglichkeiten.

Lieben und Geliebtwerden

4 Die biblische Forderung nach Nächsten-, ja sogar nach Feindesliebe macht deutlich, daß es sich hier um kein Gefühl handelt — etwa im Sinn, seinen Feind gern zu haben. Nehmen wir den Ausdruck „Wohlwollen" wörtlich: Wir sollen für alle, sogar für die Übelwollenden „Gutes wollen". Wir sollen uns jedem so zuwenden, daß er unser Freund sein (oder werden) kann. Ungeachtet aller Risiken des Verletzt- und Zurückgewiesenwerdens. („Wenn dich einer auf die eine Backe schlägt . . .")

> „. . . macht meine Freude dadurch vollkommen, daß ihr eines Sinnes seid, einander in Liebe verbunden, einmütig und einträchtig, daß ihr nichts aus Ehrgeiz und nichts aus Prahlerei tut. Sondern in Demut schätze einer den andern höher ein als sich selbst. Jeder achte nicht nur auf das eigene Wohl, sondern auch auf das der anderen."
>
> (Phil 2, 2—4)

Eines unterscheidet diese Liebe von jener, die „gern hat" auf Gegenseitigkeit („Wenn ihr nur die liebt, die euch lieben . . .", Mt 5, 46): Der Christ liebt nicht bloß zurück, er liebt nicht nur reaktiv — er liebt initiativ. Er wagt es, ohne Sicherheit und ohne Gewißheit der Erwiderung zu lieben. Er macht den Anfang. Er riskiert etwas. Er macht sich verletzlich, wenn er liebt. Der Christ weiß sich dem verletzlich liebenden Jesus nahe, wenn er liebt. Und er sucht nach dem, was Gott an seinen Geschöpfen Freude macht, wenn er uns liebt.

5 „Das ist der Sinn deines Lebens: geliebt zu sein für immer, geliebt in alle Ewigkeit, damit du selber grenzenlos liebst. Ohne Liebe, wozu leben?
Von nun an ist nur eines verhängnisvoll im Gebet wie im Kampf: die Liebe verlieren. Ohne die Liebe, wozu glauben, wozu selbst seinen Leib zum Verbrennen hingeben?
Ahnst du es? Kampf und Kontemplation haben nur eine einzige Quelle: Christus, der Liebe ist."
(Roger Schütz)

Das Christentum stellt nicht nur das Liebesgebot in den Mittelpunkt seiner Ethik — es findet auch im Satz „Gott ist Liebe" das knappste theologische Programm. Und der Tod Jesu ist ein keineswegs opernhafter und sentimentaler „Liebestod". Er ist ein realer Tod. Freilich mit der österlichen Gewißheit, daß einer, der aus Liebe in den Tod geht, den Tod „überliebt".

„Das Wort Gottes, durch das alles geworden ist, ist selbst Fleisch geworden und ist, auf der Erde der Menschen wohnend, als wirklicher Mensch in die Geschichte der Welt eingetreten, hat sie sich zu eigen gemacht und in sich zusammengefaßt. Er offenbart uns, „daß Gott die Liebe ist" (1 Joh 4, 8), und belehrt uns zugleich, daß das Grundgesetz der menschlichen Vervollkommnung und deshalb auch der Umwandlung der Welt das neue Gebot der Liebe ist."
(II. Vatikanum: „Gaudium et spres" 38)

So ist Liebe das letzte Gesetz christlichen Handelns und zugleich der tiefste Inhalt christlichen Bittens:

„Erbitten wir,
was wir am meisten brauchen:
die Sympathie und Zuneigung
unserer Mitmenschen:
Wir bitten
um die Treue unserer Freunde,
um die Treue unseres Gottes,
um den Großmut aller,
die wir beleidigt haben,
um die Liebe derer, die wir lieben.“
(Huub Oosterhuis)

Impulsfragen:

- Wovon (außer von Essen und Trinken) leben wir?
- Was bedeutet Lieben und Geliebtwerden in meinem Leben?
- Was unterscheidet Liebe von Sympathie?
- Gibt es überhaupt „Feindesliebe“?
- Wie verhalten sich Eigen- und Nächstenliebe zueinander?

Grundlegender Bibeltext: Röm 12, 9—21

Weitere Stellen: Lev 19, 11—18; Mt 5, 43—48; Mk 12, 28—34; Lk 6, 27—42; Joh 12, 34—35; Röm 13, 8—10; 1 Kor 13, 1—13; Eph 5, 1—2; 1 Joh 4, 7—16a

4 Was uns leiden macht

1 Leid klagt an, es sucht ein „Warum“, es drängt und bohrt nach den Ursachen dessen, was uns „be-leidigt“. Die Frage nach dem, was uns leiden macht, ist die Rückseite der vorausgehenden Fragen. Es wird also nicht nur danach gefragt, was uns stark, selbstbewußt und standfest macht, sondern auch danach, was uns schwach und gefährdet machen kann, ja sogar zu Fall bringt.

Auf der Suche nach Ursachen des Leides finden sich mancherlei Antworten — doch die erschreckendste findet sich dort, wo der Mensch dem Menschen ein Wolf, ein Feind, ein „Beleidiger“ wird:

„Die Welt ist so zerrissen
Und ist im Grund so klein
Wir werden sterben müssen
Dann kann wohl Friede sein
Es blutet die Erde
Es weinen die Völker
Es hungern die Kinder
Es droht großer Tod
Es sind nicht die Ketten
Es sind nicht die Bomben
Es ist ja der Mensch
der den Menschen bedroht“
(Wolf Biermann)

Leid klagt den Menschen an, klagt die Natur an, klagt Gott an. Die „Verteidigung“ Gottes gegen solche „Anklage“ wurde auch immer wieder versucht. Und die gängige Redeweise, Gott „lasse das Leid nur zu“, er verursache es nicht selbst, läßt weitere Fragen offen.

Mit dieser Dissonanz werden wir wohl weiterhin leben müssen. Und Leid selbst ist Dissonanz, Mißklang: körperliche Dissonanz im Schmerz, seelische in der Trauer, soziale in der Einsamkeit, moralische in der Schuld . . .

Letztlich stellt das Leid jedoch die Frage nach dem Tod. Ist doch unser menschliches Leiden ein „Tod auf Raten". Unsere Ängste, Schuldgefühle, Schmerzen und Einsamkeiten hocken in uns, um sich auszubreiten, die Lebenskraft zu mindern und um uns einmal wie eine reife Frucht in den Schoß des Todes fallen zu lassen.

2 Die „vorreligiösen" Antworten lassen sich in einer Aussage zusammenfassen: es geht darum, Leid zu bewältigen. Diese Bewältigung liegt sowohl darin, daß wir gegen aufhebbares Leid ankämpfen, als auch darin, unaufhebbares Leid anzunehmen. An fremdem Leid kann man bisweilen mittragen (Solidarität), Betroffene kann man in gewissen Grenzen trösten. Wir müssen lernen, Leid zu „bearbeiten":
„Trost" meint bearbeitetes Leid — „vertrösten" läßt Leid unbearbeitet. Leid annehmen, es aktiv zu tragen, ist nicht dasselbe, wie es bloß mißmutig zu ertragen. Gegen das Leid anzukämpfen (etwa politisch gegen soziales Leid) ist deshalb „Leidensarbeit", wirksamer Protest gegen das Leid.

Das alte Wort „Pathos" heißt ursprünglich: Leiden, Leidenschaft. „Sympathie" heißt genaugenommen: Mitleiden. Das Wort „Apathie" bezeichnet die (heute weitverbreitete) Leidensunfähigkeit. Diese Apathie wächst am Bewußtsein der Sättigung (D. Sölle) — die überfütterte Wohlstandswelt unserer Tage verweigert die Leidensarbeit. Statt dessen begnügen wir uns mit gefühlsmäßiger Sympathie und mit oberflächlichem Mitleid, das oft nichts anderes ist als getarntes Selbstmitleid (Rührung bei der Vorstellung, daß fremdes Leid mich träfe). Für einen Christen gibt es kein „fremdes Leid“.

3 Die Versuche, gegen Leid anzukämpfen, sind so alt wie die Menschheit. Die moderne Wissenschaft — etwa die Medizin — erringt zahllose Erfolge, anscheinend ohne das Maß an Leiden mildern zu können. Fast scheint es, als erwachten mit einem besiegten zwei neue Leiden zu neuem Kampf gegen uns. Und unzulängliche Mittel, Leid zu bekämpfen, gibt es genug (Alkohol, Drogen).

Politische Utopien, die zum Kampf gegen Leid und Ungerechtigkeit angetreten sind, schaffen oftmals mehr Leid und Ungerechtigkeit, als sie abschaffen können. Versuche, den Menschen zu helfen, werden allzu oft zu Techniken, ihn zu beherrschen. Die Versuche, die Erde menschlich zu gestalten, machen sie immer unmenschlicher. Allzu fürsorgliche Gesellschaftsformen entmündigen den Bürger.

Ein leidender Gott

4 Die christliche Lehre vom Leid ist von zwei Seiten gefährdet: Von einer Leidensverdrängung einerseits, als ob durch Jesus das Leid der Menschen bedeutungslos geworden wäre — von einem Leidenskult andererseits, als wäre in einer „Kreuzestheologie“ so etwas wie ein christlicher Masochismus empfohlen.

Leid erschließt seine Bedeutung für einen Christen nur im Zusammenhang mit der Liebe: So wie die Liebe den Menschen aufblühen und erstarken läßt, das Leid ihn aber bedroht und gefährdet — so sieht er Liebe und Leid als zwei Seiten derselben Wirklichkeit. Liebe ohne Leid gibt es nicht. Denn wer liebt, macht sich verletzlich. Und nur die Liebe befähigt uns, durch das Leid hindurchzugehen. Oder wie es Paulus sagt:

> „Was kann uns scheiden von der Liebe Christi? Bedrängnis oder Not, Hunger oder Kälte, Gefahr oder Schwert? . . . All das überwinden wir durch den, der uns geliebt hat.
> Denn ich bin gewiß: Weder Tod noch Leben, weder Engel noch Mächte, weder Gegenwärtiges noch Zukünftiges, weder Gewalten der Höhe oder Tiefe noch irgendeine andere Kreatur können uns scheiden von der Liebe Gottes, die in Christus Jesus ist, unserem Herrn." (Röm 8, 35—39)

Wenn hier von „Bedeutung" des Leids gesprochen wird, dann soll das nicht mit der Frage nach dem Sinn des Leids verwechselt werden. Wahrscheinlich ist unendlich viel Leid sinnlos (— wenigstens für uns). Mit „Bedeutung" ist hier gemeint, daß ein Christ in der Wirklichkeit, die er erfährt, mehr erkennt als andere: Ihm gelingt eine „Deutung", die wohl die Wirklichkeit nicht ändert — jedoch ihn selbst. So wird ihn Leid nicht weniger schmerzen — doch wird er darauf verwiesen, sein Leid zu „bearbeiten". Er wird mit Leid aktiv umgehen und es nicht bloß hinunterwürgen. (Die Ermordung des Erzbischofs Romero in El Salvador ist eine in sich „sinnlose" Tat — dennoch für viele Christen von Bedeutung.)

Die Mystiker des deutschen Mittelalters weisen darauf hin, daß es „fruchtbares“ Leiden gibt — etwa das Geburtsleid. So soll der Mensch angeregt werden, darüber nachzudenken, ob in seinem Leid und aus seinem Leid etwas wird, etwas entsteht, etwas wächst. Vielleicht sogar im Todesleid.

Auch die Dichter weisen darauf hin, daß Leiden einen Menschen weiterbringen kann (— aber nicht muß). So sind viele von uns für Leiden anderer sensibel geworden, nachdem sie selbst gelitten haben. Manche erwerben so ihre Begabung, andere zu trösten.

(Trotzdem sollten wir der Versuchung widerstehen, alles Leid mit Sinn zu versehen, jede Dissonanz zu harmoniseren und vor allem dem Leidenden die eigene Deutung aufzudrängen. Der Christ sieht im unbegreiflichen Leid einen Hinweis auf den unbegreiflichen Gott.)

5 Um unsere Schwäche wissend und unsere Verletzlichkeit kennend, wagen wir ein vorsichtiges Glaubensbekenntnis:

„Wir sind keine Übermenschen.
Unsere Kraft hat Grenzen.
Wir sind verletzlich an Leib und Seele
und können uns nicht an uns selber festhalten.
Wir glauben aber an Gott
und verlassen uns auf eine Macht, die uns hält.
Unser Leben dauert eine begrenzte Zeit.
Am Ende erwartet uns der Tod,
denn alles Lebendige geht zugrunde.
Wir glauben aber an Gott
und stehen auf einem Grund, der uns trägt.“
(Jörg Zink und Rainer Röhricht)

Der Christ weiß sich mit seinem Leid einem Gott gegenüber, der von diesem Leid nicht unbetroffen bleibt. Gott ist kein unberührter Zuschauer menschlichen Leidens. Der Christ glaubt an einen „mitleidenden“ Gott (nicht bloß an einen „mitleidigen“). Die „Sympathie“ — das Mitleiden — Gottes wird im leidenden und ermordeten Jesus geschichtliche Wirklichkeit. Wo ansonsten die Menschen einander zum „Wolf“ werden — steht nun das „Lamm Gottes“. Wo sich die Menschen in Henker und Opfer entzweien, steht Jesus entschieden — und nicht nur symbolisch — auf der Seite der Opfer. Er wurde und wird selbst zum Opfer.

Der leidende Gott verbindet sich mit der leidenden Menschheit:

> „Solange wir auf Erden in Pilgerschaft sind und in Bedrängnis und Verfolgung ihm auf seinem Weg nachgehen, werden wir — gleichwie der Leib zum Haupt gehört — in sein Leiden hineingenommen; wir leiden mit ihm, um so mit ihm verherrlicht zu werden“ (vgl. Röm 8, 17).
>
> (II. Vatikanum: „Lumen gentium“ 7)

Da uns immer wieder Leid geschieht, werden wir auch immer wieder Trost suchen. Doch Trost besteht letztlich nicht in Worten, Erklärungen oder Sprüchen. Trost ist Anwesenheit — verstehende, wohlwollende, zärtliche Anwesenheit. (Wie ja auch Zärtlichkeit den Umgang mit Verletzlichen und Verletzten menschlich macht.) Das Wissen um einen zärtlichen — also gerade im Leiden mitleidenden — Gott macht folgendes Gebet möglich:

„Ewiger Gott.
Dein Sohn hat unser Leben geteilt,
hat Freude erfahren und Leid ertragen —
wie wir.
Gib, daß wir in guten und in bösen Tagen
mit ihm verbunden bleiben.
Darum bitten wir durch ihn,
Jesus Christus (unseren Herrn).“
(Tagesgebet aus dem Missale)

Impulsfragen:

— Wo liegen die Hauptursachen unseres Leidens?
— Wo be-leidigen wir (auch unbewußt) einander?
— Was sagt uns die Nachricht vom „leidenden Gott Jesus“?
— Wo bringt uns Leid weiter, wo nicht?
— Was ist „Trost“?

Grundlegender Bibeltext: 2 Kor 4, 7—18

Weitere Stellen: Sir 40, 1—11; Klgl 3, 17—33; Jes 41, 8—10; Jes 44, 21—33; Jes 52, 13—53, 12; Jes 54, 5—8; Lk 2, 46—55; Lk 4, 16—21; Röm 8, 18—30; 2 Kor 1, 3—11; Hebr 2, 11—18; Jak 1, 2—4/12

5 Was uns schuldig macht

1 „Es ist unmöglich, nicht schuldig zu werden." Diese Erfahrung macht unweigerlich jeder Erwachsene. Und Schuld drückt, erdrückt. Vermeintliche Schuld: Schuldgefühl. Aber auch bewußte Schuld: Schuldbewußtsein."

„schuld
oder vermeintliche schuld
läßt uns nicht mehr frei auftreten
unsere umwelt
mißbraucht das wissen um unsere schuld
mit schuldgefühlen
wird die welt regiert
sich schuldig fühlen macht gefügig
die sich schuldig fühlen
sind leicht beherrschbar
unterdrückbar
sind leicht käuflich
erpreßbar
sie fressen aus der hand
schuld und tod
sind die beiden großen kanonen
mit denen die menschen
klein gehalten werden"
(wilhelm willms)

Die Tiefenpsychologie weiß: Die Schuld macht krank (sie kränkt); sie macht fremd, entfremdet (wo Vertrautheit gut wäre); sie entzweit (wo Einheit nötig wäre); in der Schuld bleiben wir etwas schuldig (Liebe, Vergebung, Treue, Zärtlichkeit . . .).

Doch die wirklich wichtige Frage heißt nicht, was

uns „be-schuldigt", sondern was uns „ent-schuldigt". Wie kann ich die Kränkung der Schuld wieder heilen? Wie kann ich die Entzweiung durch Schuld wieder versöhnen (genaugenommen „ver-sühnen")? Wie kann ich die moralische Dissonanz der Schuld in eine Konsonanz auflösen? Gibt es Vergebung?

2 Es gibt mancherlei Schuld, die man selbst in Ordnung bringen kann: Man kann sich für eine Kränkung entschuldigen, man kann eine Freundschaft wiederherstellen, man kann unrechtmäßig Angeeignetes zurückstellen, man kann eine Unwahrheit richtigstellen. Manchmal bleibt ein „unversöhnlicher Rest", manches läßt sich gar nicht ins Lot bringen. Ein Toter bleibt tot.

Eine erste vorreligiöse Antwort sagt also: Was ich wieder gutmachen kann, soll ich tun. Die Tiefenpsychologie würde sagen: Eine Wiedergutmachung, eine Versöhnung ist ein Akt der Psychohygiene — ich schaffe ein „reines" Gewissen, ich hole mir wieder meinen „gesunden" Schlaf.

Was ist mit dem unbehebbaren Rest an Schuld zu tun? (Ein tiefliegender Haß kann ein ganzes Leben vergiften, die „Kränkung" über eine Abtreibung kann über Jahrzehnte hin seelisch krank machen.) Die zweite vorreligiöse Antwort erinnert an den Umgang mit Leid (und Schuld ist moralisches Leid): es geht um die Bewältigung. Um die seelische Mühe, mit der ich das Böse in mir zu überwinden suche. Solche seelische Leidensarbeit ist auch Trauerarbeit.

3 Unsere Zeit kennt zahlreiche Abwehrtechniken gegen das unbequeme Schuldbewußtsein. Etwa das „Wegpsychologisieren", das Wegerklären der Schuld.

Wobei selten bewußt wird, wie sehr darin eine Entmündigung liegt. Denn wenn es keine Schuld gibt, weil ich nur in der Folge innerer und sozialer Zwänge gehandelt habe, bin ich nur mehr Marionette fremder Mächte.

Eine andere Abwehrhaltung besteht im Wegschieben unbequemer Beschuldigung auf „Sündenböcke“ — einzelne oder ganze Gruppen. (Wie wir ja auch gern unbequeme sittliche Ansprüche auf „moralische Spezialisten“, auf „Tugendböcke“ sozusagen, auf „Tugendbolde“ vielleicht, abschieben. Z. B.: Ordensleute, Priester.)

Eine dritte Abwehrhaltung besteht in der Verrechtlichung: Gesellschaftlich fühle ich mich im Recht, wenn mich niemand strafrechtlich belangt. Kirchlich fühle ich mich im Recht, wenn ich keine ausdrückliche Kirchennorm verletze. (Wie viele Gehässigkeiten, üble Nachreden, Halbwahrheiten u. a. m. fallen hier unter den Tisch.) Der Beichtstuhl und die mißverständliche Richterrolle des Priesters können das verstärken. Allgemein herrscht die Haltung, als entstünde Schuld nur durch böses Tun. Vergessen wird, daß wir auch schuldig werden, indem wir Gutes nicht tun.

Besonders schwierig erweist es sich, wenn Menschen „schuldlos schuldig werden“. (Schon die Antike kennt dieses Thema.) Man denke nur an einen Autofahrer, der schuldlos den Tod eines Menschen verursacht. Ein auf diese Weise zutiefst belastetes Gewissen gehört wohl zum schwersten Leid, das einem widerfahren kann.

Ein versöhnlicher Gott

4 Das christliche Wort „Versöhnung“ enthält das Wort „Sühne“. Sühne ist der Versuch eines Menschen, das in der Sünde stark gewordene Böse durch Gutes zu bekämpfen, aufzuheben, zu bewältigen. Solche Sühne kann daher nur freiwillig wirksam werden. „Verordnete“ Sühne ist keine — allzu oft ist sie kaum getarnte Rache. Wir „sühnen unsere Sünde“, indem wir am Bösen leiden, das in uns gewachsen ist; indem wir das Böse betrauern, das wir angerichtet haben: Das ist Leidensarbeit, Trauerarbeit, Reue, innere Umkehr, Bekehrung — Altes stirbt, Neues wird:

> „Wenn also jemand in Christus ist, dann ist er eine neue Schöpfung: Das Alte ist vergangen, Neues ist geworden. Aber das alles kommt von Gott, der uns durch Christus mit sich versöhnt und uns den Dienst der Versöhnung aufgetragen hat. Ja, Gott war es, der in Christus die Welt mit sich versöhnt hat, indem er den Menschen ihre Verfehlungen nicht anrechnete und uns das Wort von der Versöhnung (zur Verkündigung) anvertraute.“ (2 Kor 5, 17—19)

Der Auftrag Jesu „Wem ihr die Sünden vergebt, dem sind sie vergeben; wem ihr Vergebung verweigert, dem ist sie verweigert“ (Joh 20, 23), wird oft nur als Beauftragung für die Amtsträger verstanden, in Jesu Namen Sünden zu vergeben. Eine andere mögliche Bedeutung sagt: Wem ihr die Sünden vergebt, dem sind sie vergeben: Darum vergebt einander! Denn, wenn ihr einander nicht vergebt, bleiben euch eure Sünden! (Auf jeden Fall sollen wir damit zur Versöhnlichkeit gemahnt sein.) Die christliche Lehre kennt die freiwillig stellvertretend übernommene Sühne: im Kreuzestod Jesu. (Ein Beispiel aus unserer Zeit: die Stellvertretung des P. Maximilian Kolbe, der anstelle eines Familienvaters im KZ in den Hungerbunker geht.)

Der Gedanke der Stellvertretung findet sich in der neueren Theologie ebenso wie im Kirchenlied:

„Alles Leben ist dunkel.
Keiner weiß, wo er endet.
Jeder sehnt sich nach Glück.
Gott hat ein Herz für den Menschen:
Jesus ward einer von uns.
Jesus lebt' unser Leben.
Jesus trug unsre Sünden.
Jesus starb unsern Tod.
Gott hat ein Herz für den Menschen:
Jesus ist einer von uns!"
(Maria Luise Thurmair, Gotteslob 552)

Die evangelische Theologie kennt den Brauch der Laienbeichte, in der (nach Joh 20, 23) jeder Christ seinem Mitchristen im Namen Jesu die Versöhnungsbereitschaft Gottes zusagen kann. In der katholischen Überlieferung ist diese Zusage bei schwerer Schuld dem Priester vorbehalten:

„Gott, der barmherzige Vater,
hat durch den Tod und die Auferstehung seines Sohnes
die Welt mit sich versöhnt
und den Heiligen Geist gesandt

zur Vergebung der Sünden.
Durch den Dienst der Kirche
schenke er dir Verzeihung und Frieden.
So spreche ich dich los von deinen Sünden
im Namen des Vaters
und des Sohnes und des Heiligen Geistes. Amen."
(Lossprechung aus dem Rituale)

Die zeichenhafte (sakramentale) Zusicherung der Vergebung durch den Priester wird durch das beratende und aufrichtende Gespräch glaubwürdig verstärkt — wenn in diesem Gespräch der versöhnliche Gott spürbar wird.

Sosehr uns die Bemerkung am Beginn deprimieren konnte: „Es ist unmöglich, nicht schuldig zu werden" — so sehr kann uns andrerseits die Gewißheit aufrichten, daß es keine auch noch so schwere Schuld gibt, die Gott dem Reuigen nicht vergeben wollte, ja noch mehr: Der christliche Gott ist nicht nur ein versöhnlicher Gott. Er freut sich über den zur Heimkehr bereiten Verirrten mehr als über den Daheimgebliebenen und geht dem „verlorenen Schaf" nach (Lk 15). Eine Umkehr üblicher Maßstäbe tritt ein: Der Vergebende lädt den Schuldigen ein:

„Der aber, der uns ewig liebt,
macht gut, was wir verwirren,
erfreut, wo wir uns selbst betrübt,
und führt uns, wo wir irren;
und dazu treibt ihn sein Gemüt
und die so reine Vatergüt',
in der uns arme Sünder
er trägt als seine Kinder."
(Paul Gerhardt)

Impulsfragen:

— Worin und woran werden wir am häufigsten schuldig?
— Was bewirkt unsere Schuld in uns?
— Was ent-schuldigt uns?
— Was ist mit „Versöhnung mit Gott“ gemeint?
— Wie soll „Buße“ geschehen?

Grundlegender Bibeltext: Joh 20, 19—23

Weitere Stellen: Gen 3, 1—24; Psalmen 32, 52, 103, 130; Jes 40, 1—4; Jes 54, 5—10; Jes 57, 14—21; Hos 11, 1—9; Mt 6, 12—14; Mt 9, 1—13; Mt 18, 12—35; Mt 26, 27—28; Lk 7, 36—50; Lk 15, 1—32; Röm 6, 3—11; 1 Kor 6, 9—11; 1 Joh 3, 19—21; 1 Joh 4, 7—10

6 Was uns verbindet

1 Eine der Grundfragen unseres Lebens ist die nach der Gemeinsamkeit: Sind wir nicht letztlich trotz aller Verbundenheit und Verbindlichkeit isoliert? Bleiben wir nicht bei noch so viel Kommunikation allein? Sind nicht auch die Liebenden bestenfalls zu zweit einsam?

> „Ich habe oft das Gefühl, als ständen wir Menschen so unendlich einsam im All da, daß wir nicht einmal einer vom anderen das Geringste wüßten, und daß all unsere Freundschaft und Liebe dem Aneinanderfliegen vom Wind zerstreuter Sandkörner gliche."
> (Friedrich Hebbel)

Und dort, wo es Gemeinsamkeiten gibt: Sind sie nicht nur ein wechselweises „Benützen"? Sind wir nicht nur dann gemeinsam, wenn wir uns etwas davon versprechen? Wenn irgendein — vielleicht auch gemeinsamer — Vorteil winkt? Sind nicht viele Gemeinsamkeiten nur durch gemeinsame Gegner bedingt? Reden wir uns nicht vielfach ein, gemeinsam „für" etwas zu sein, obwohl wir doch gemeinsam „gegen" etwas sind? Sind nicht letztlich alle Bündnisse Kampf- und Kriegsgenossenschaften: Ehen — gegen die Einsamkeit, Parteien — gegen politische (und ökonomische) Gegner, Gewerkschaften — gegen die Arbeitgeber, Staaten — gegen die Nachbarstaaten usw.?

Auf die Kirche angewandt: Scheinen nicht die besten Zeiten der Kirche jene, in denen sie bekämpft wurde — oder einen Gegner zu bekämpfen hatte? Blüht nicht auch heute die Kirche an Widerständen auf

(z. B. Polen, Dritte Welt) —, und ist nicht auch heute der gefährlichste Feind der Kirche Anerkennung, Wohlstand und Anpassung?

2 Doch lassen wir zur „vorreligiösen Antwort" Kirche und Glaube noch beiseite: Das Schicksal eines Menschen entscheidet sich in hohem Maß daran, ob er sich als „einsamer Wolf" begreift, der entweder „mit den (anderen) Wölfen heult" oder im Kampf aller gegen alle — „homo homini lupus" — jedem anderen als reißender Wolf entgegentritt.

Natürlich wissen wir: Völlig allein, total isoliert kann keiner existieren. Es ist unmöglich, nicht zu kommunizieren. Der Mensch ist kein Robinson. Die Frage ist nur, ob wir aus dieser Not(wendigkeit) eine Tugend machen oder ob wir diese Not verschärfen. Anders gesagt: Wird die Schicksalsgemeinschaft der Menschheit in ein tödliches Gegeneinander münden, oder gelingt es uns doch noch, eine solidarische Zukunft aufzubauen?

„Solidarisch" — gemeinsam sind wir stark, die Welt zu ihrem (und unserem) Vorteil zu verändern. Gemeinsam hat der Kampf gegen Ungerechtigkeit, gegen den Krieg, für die Menschenrechte, für eine bewohnbare Erde eine Chance. Als Einzelkämpfer stünden wir auf verlorenem Posten. (Es ist keineswegs „der Starke am mächtigsten allein".)

Die vorreligiöse Antwort bestreitet, daß der Mensch dem Menschen ein Wolf sein müsse. Anstelle des alten „homo homini lupus" wird behauptet: „homo homini homo" — „Der Mensch sei dem Menschen ein Mensch." Unsere lebenslängliche Aufgabe heißt: Menschwerdung.

3 „Humanismen“ verschiedenster Art haben diese Menschwerdung als Ziel ausgerufen. Und zweifellos sind alle aufrichtigen Humanisten die logischen Verbündeten der Christen bei ihrem Versuch, die Welt menschlicher zu machen. Daß es heute leichter als früher zu einem solchen Bündnis Gutwilliger kommen kann, wenn es um Frieden, Menschenrechte oder etwa die Hilfe für politische Häftlinge geht, ist für viele ein Zeichen der Hoffnung. Im Einzelfall ist allerdings nicht immer leicht zu entscheiden: Ist das Verbindende (etwa im Einsatz für den Frieden) gewichtiger als das weltanschaulich Trennende (etwa zwischen Marxisten und Christen)?

Unsere Fähigkeit zur Solidarität ist zweifellos stark von unseren bisherigen Erfahrungen bestimmt: Haben wir etwa die Familie als eine Gemeinschaft erlebt, in der wir bestärkt, gelobt, getröstet, aufgebaut wurden? Oder sind Tadel, Strafe, Nörgeln und Schläge die bestimmenden Kindheitserinnerungen? Waren in der Schule Freundschaft und Kameradschaft vorherrschend oder Konkurrenz, Streit und Neid? Familien, Freundeskreise, Schulen, Arbeitsstätten, Vereine und Kirchen sind die ersten und prägendsten Erfahrungs- und Übungsstätten für Solidarität. Was dort im kleinen geübt wird, wird in der großen politischen Szene Realität: Der Faschismus wurde in Familien, Schulen usw. vorbereitet und eingeübt. Ähnliches gilt (hoffentlich) für die Demokratie.

Ein einigender Gott

4 Die religiöse Antwort kann kurz ausfallen: Christsein heißt gemeinsam sein. Die „communio“ der Christen bedeutet zweierlei: die Kommunion mit Gott — und die Kommunikation mit den Menschen. Wer eines von beiden vergißt, zerschneidet das Christentum. Unsere „Menschwerdung“ ist durch Gottes Menschwerdung geheiligt. Allein für sich, privat, von der Menschheit abgetrennt kann Christsein nicht gelingen. (Wie ja auch Menschsein so nicht gelingen kann.) Wir sind entweder „Christen miteinander“ oder gar nicht. Christsein ist nicht etwas, das „ich mir privat mit meinem Herrgott ausmache“. So gesehen ist unsere Religion natürlich überhaupt keine Privatsache. Die dies sagen, hätten es wohl gerne so. Denn ein privatisierendes Christsein wäre seiner herausfordernden und die Welt verändernden Kraft beraubt. Die Ziele solch gemeinsamen Christseins — Leben, Friede, Freiheit — sollten wir uns nicht „wegprivatisieren“ lassen.

Daß die Gemeinsamkeit des Christseins durch viele Spaltungen gebrochen und geschwächt ist, wird noch lange als Schuld am Auftrag Jesu auf den Kirchen lasten:

> „Bemüht euch, die Einheit des Geistes zu wahren durch den Frieden, der euch zusammenhält:
> Ein Leib und ein Geist, wie euch durch eure Berufung auch eine gemeinsame Hoffnung gegeben ist, ein Herr, ein Glaube, eine Taufe, ein Gott und Vater aller, der über allem und durch alles und in allem ist.“ (Eph 4, 3—6)

Katholisch heißt eben: allgemein, allumfassend, weltweit.

Ein „nachapostolisches Credo“ sagt das so:

„ich glaube an den heiligen geist
der uns zu mitstreitern des auferstandenen macht
zu brüdern und schwestern derer die für gerechtigkeit kämpfen und leiden
ich glaube an die gemeinschaft der weltweiten kirche
an die vergebung der sünden
an den frieden auf erden, für den zu arbeiten sinn hat
und an eine erfüllung des lebens über unser leben hinaus“
(kurt marti)

Unsere Glaubensbekenntnisse sind meist „trinitarisch“, d. h.: der eigentliche Gegenstand unseres Glaubens ist der dreifaltige Gott. Unter diesen drei „Überschriften“ befindet sich im Text das, was wir sozusagen „mitglauben“. (Wie ja auch unter der Überschrift „Jesus Christus“ etwa der Satz „gelitten unter Pontius Pilatus“ mitgeglaubt wird, obwohl man ja auf diese Aussage schwerlich sein Leben aufbauen wird. Glauben heißt aber, auf etwas sein Leben aufbauen wollen.) So heißt nun zu Recht der eigentliche Gegenstand unseres Glaubens an die Kirche: der Geist Gottes, der in der Kirche wirkt — darauf baut ein Christ sein Leben:

„Ich glaube an den Heiligen Geist:
die heilige katholische Kirche,
Gemeinschaft der Heiligen,
Vergebung der Sünden,

Auferstehung der Toten
und das ewige Leben.
Amen."
(Apostolisches Glaubensbekenntnis)

Verglichen mit der uns gelingenden recht mittelmäßigen Wirklichkeit von Kirche darf das Reden von der Kirche, die wir ånstreben, ruhig hymnisch wirken. So läßt Gertrud von Le Fort in ihren „Hymnen an die Kirche" zuerst die Kirche selbst sprechen:

„Ich war die Sehnsucht aller Zeiten, ich war das Licht aller Zeiten, ich bin die Fülle aller Zeiten.
Ich bin ihr großes Zusammen, ich bin ihr ewiges Einig.
Ich bin die Straße aller ihrer Straßen: auf mir ziehen die Jahrtausende zu Gott!"

Und sie antwortet (im Wissen um alle berechtigte Kirchenkritik):

„Du hast tausend Wunden, daraus strömt dein Erbarmen; du segnest alle deine Feinde."
(Gertrud von Le Fort)

Impulsfragen:

— Können wir allein und isoliert Mensch (und Christ) sein?
— Was macht uns Solidarität so schwer?
— Was bedeutet eigentlich „Kirche"?
— Ist Kirche nur geistlich (fromm) oder auch weltbezogen (politisch)?

Grundlegender Bibeltext: 1 Petr 2, 1—10

Weitere Stellen: Lk 22, 24—28; Apg 2, 1—13; Apg 2, 42—47; Joh 15, 1—17; Joh 17, 1—26; Röm 12, 1—21; Röm 13, 8—10; Röm 14, 1—15, 13; 1 Kor 12, 12—31a; Gal 5, 6—6, 5; Eph 4, 1—5, 2; Phil 2, 5—11; Kol 3, 1—17; 1 Thess 5, 12—22; Jak 2, 1—13; 1 Joh 1, 1—4; 1 Joh 4, 7—16a; 1 Joh 4, 19—21

7 Wohin wir gehen

Mit dieser letzten Frage schließt sich der Kreis zur ersten: Woher kommen wir — wohin gehen wir? Zielte die erste Frage nach Geburt und Zeugung und dem Vorher — so zielt nun die letzte nach Sterben und Tod und dem Nachher:

„Nachtgebet“

Junge Leute werden manchmal wach
Und wissen, daß sie sterben müssen.
Dann erschauern sie kurz,
Und sehen verschiedene Bilder,
Und denken: Jeder muß sterben, und
Es ist noch Zeit.

Alte Leute werden manchmal wach
Und wissen, daß sie sterben müssen.
Dann wird ihr Herz bang,
Denn sie haben gelernt,
Daß niemand weiß, wie Sterben ist,
Und daß keiner wiederkam, davon zu künden,
Daß sie allein sind, wenn das Letzte kommt.
Und wenn sie weise sind,
Dann beten sie. Und schlummern weiter.“
(Carl Zuckmayer)

Wir pflegen diese Frage oft in einer vordergründig chronologischen Weise zu beantworten. Und so reden wir dann gern von einem „Weiterleben“ nach dem Tod — als ob es darum ginge, das Leben ungeachtet des Todes ganz einfach endlos fortzusetzen. Wahrscheinlich ist es besser, das „Weiter“ beim Leben nach dem Tod zu streichen. Die Christen glauben nicht an ein endlos verlängertes Leben, sondern an ein neues, anderes Leben, an eine Neuschöpfung — von der sie allerdings nichts Genaueres berichten können.

2 Doch lassen wir auch diesmal vorerst die christlichen Antworten beiseite. Auch bei religionslosen Menschen gibt es oftmals Vorstellungen von einem Weiterwirken eines Lebens über den Tod hinaus. In einer gewissen Weise leben ja tatsächlich manche Menschen in ihren Werken, in ihren Ideen, aber auch in geliebten Menschen weiter. So gesehen ist etwa künstlerisches Schaffen und schöpferisches Denken ein „Ankämpfen gegen den Tod". Und daß in einer Liebe, aus der ein neuer Mensch entsteht, dieser die Erzeuger überleben kann, ist eine mögliche Deutung des Satzes aus dem alttestamentlichen Hohenlied: „Stark wie der Tod ist die Liebe." (Hld 8, 6)

Ein großes Potential an Hoffnungen, die über unseren leiblichen Tod hinausreichen, sehen wir in vielen philosophischen und politischen Lehren, in Lebensweisheiten und Religionen.

3 Es liegt natürlich ein großes Problem darin, den Sinn seines Lebens nur im Leben nachher zu suchen. Denn diese Haltung macht das Leben insgesamt zu einer Prüfung, verlangt Mühe und Verzicht ab, um nachher dafür belohnt zu werden. Es gab und gibt immer wieder Menschen, die sich mit Recht dagegen wehren, Gott zu einem Prüfer, Belohner und Bestrafer zu machen — schließlich entbehrt dieses Gottesbild auch nicht eines gewissen Sadismus: ein Gott, der den Menschen quält — entweder vorher oder nachher.

Dagegen läßt sich sagen, ein Leben müsse doch seinen Sinn in sich selbst tragen können. Gott habe uns doch nicht in eine widerliche, mit Verboten und Versagungen gespickte Welt gesteckt, um uns zu prüfen. Die Grenzen werden uns nicht von einem mißgünstigen Gott gesteckt, sondern von uns selbst, von der Rücksicht und der Solidarität mit anderen. (Die Konsequenzen betreffen vor allem unsere Ethik.)

Andrerseits sind viele Menschenleben derart mit Unglück, Trauer und Krankheit angefüllt, daß es schwerfällt zu behaupten, der Sinn eines jeden Lebens müsse sich in diesem selbst finden lassen. Es gibt eben zuviel Leid ohne jeden ersichtlichen Sinn — und zu viele Menschen, bei denen das durch keinerlei Glück irgendwann einmal aufgewogen würde. Wenigstens soweit wir sehen.

Den Tod überlieben

4 Die christliche Antwort aus diesem Dilemma ist sehr schwer zu sagen — und noch schwerer anzunehmen. Vielleicht nur von Menschen, die in ihrem Leben intensiv durch Liebe und Leiden hindurchgegangen sind (und dabei vielleicht auch in gewisser Weise „gestorben“ sind).

Am Beispiel des Lebens und Sterbens Jesu: Da hat ein Mensch viel geliebt, viel gelitten, in Worten und im Vorleben viel gelehrt. Und dann, nach seinem Tod, sagen die Freunde: Jetzt ist alles vergeblich, er ist tot. Nun ist alles aus. Reden wir von etwas anderem!

Und da machen ein paar Menschen (interessanterweise zuerst Frauen) eine neue Erfahrung: Sie erleben, daß man so viel Liebe nicht umbringen kann. Und sie spüren: es geht weiter. Und sie sagen: Er lebt! Und sie sagen: Wir haben den Herrn gesehen! Von dieser so unerwarteten Erfahrung lebt die ganze Urgemeinde — lebt eigentlich bis heute die ganze Kirche. Jahrzehnte später wird diese Erfahrung von einem briefschreibenden Johannes so in Worte gefaßt:

> „Wir wissen, daß wir aus dem Tod in das Leben hinübergegangen sind, weil wir die Brüder lieben. Wer nicht liebt, bleibt im Tod. Jeder, der seinen Bruder haßt, ist ein Mörder, und ihr wißt: Kein Mörder hat ewiges Leben, das in ihm bleibt. Daran haben wir die Liebe erkannt, daß Er sein Leben für uns hingegeben hat. So müssen auch wir für die Brüder das Leben hingeben." (1 Joh 3, 14—16)

Um diesen Gedanken des Johannes in einem Wortspiel zu sagen: Es geht nicht darum, den Tod zu überleben, sondern ihn zu überlieben. (Wer liebt, bleibt nicht im Tod.)

Wer dazu ja sagen kann, hat nicht nur den Sinn des Lebens, sondern sogar den des Todes gefunden — aber im Leben und im Lieben.

5 Wir Christen nennen dieses Vorwärtsschauen eines Menschen mit Lebenssinn: Hoffnung. Solche Hoffnung hält auch dem Leiden, der Trauer, dem Tod stand. In den Glückseligkeiten unseres Lebens sehen wir Hoffnungsbilder eines „neuen Lebens", ungebrochen, jenseits von Leid, Schuld und Tod: ein neuer Himmel und eine neue Erde, ein Reich des Friedens, das ewige Gastmahl . . .

> „Die kleine Hoffnung, die nach gar nichts aussieht:

das kleine Mädchen Hoffnung — unsterblich.
Diese kleine Hoffnung schreitet voran
zwischen den großen Schwestern
Glaube und Liebe,
und man hat so wenig acht auf sie.
Und doch ist sie es, die Kleine,
die alles mit sich fortzieht.
Denn der Glaube sieht nur, was ist,
sie aber sieht, was sein wird.
Und die Liebe liebt nur, was ist,
sie aber liebt, was sein wird.
Hoffnung liebt und sieht was sein wird
in der Zeit und in alle Ewigkeit."
(Charles Péguy)

Wer diese kostbare Hoffnung hat, möge die Mahnung des ersten Petrusbriefes wissen: „Seid stets bereit, jedem Rede und Antwort zu stehen, der nach der Hoffnung fragt, die euch erfüllt; aber antwortet bescheiden und ehrfürchtig ..." (1 Petr 3, 15f.). Und er soll wissen, daß diese Hoffnung keine private ist. Sie soll über unser eigenes Leben hinausführen und das Zusammenleben in Gesellschaft und Kirche verändern:

„So wollen wir von der tröstenden und provozierenden Kraft unserer Hoffnung sprechen — vor uns selbst, vor allen und für alle, die mit uns in der Gemeinschaft dieser Kirche leben, aber auch für alle, die sich schwertun mit dieser Kirche, für die Bekümmerten und Enttäuschten, für die Verletzten und Verbitterten, für die Suchenden, die sich nicht mit dem drohenden Verdacht der Sinnlosigkeit des Lebens abgefunden haben."
(Deutsche Synode „Unsere Hoffnung")

So beten auch die Christen seit zwei Jahrtausenden um ein neues Leben in Gott, ihrem Ursprung und letzten Ziel:

> „Herr, Du bist groß und hoch zu loben; groß ist Deine Macht, Deine Weisheit ohne Ende. Und Dich zu loben, wagt der Mensch, ein winziger Teil Deiner Schöpfung, der Mensch, der dem Tod verfallen ist, der weiß um seine Sünde und weiß, daß Du dem Hoffärtigen widerstehst; und dennoch, Du selbst willst es so: wir sollen Dich loben aus fröhlichem Herzen; denn Du hast uns auf Dich hin geschaffen, und unser Herz ist unruhig, bis es Ruhe findet in Dir." (Augustinus)

Impulsfragen:

— Ist der Tod Endpunkt unseres Lebens?
— Ist unser Erdenleben die Prüfung für ein besseres Jenseits?
— Was gibt dem Leben (— was dem Tod) einen Sinn?
— Was hoffen die Christen?

Grundlegender Bibeltext: Mt 25, 31—46

Weitere Stellen: Sir 18, 1—14; Psalmen 96, 98, 100, 117; Jes 2, 1—5; Jes 11, 1—10; Jes 25, 6—8; Jes 49, 1—9c; Mich 4, 1—5; Mt 5, 1—12a; Mt 24, 29—31; Joh 3, 14—18; Joh 6, 37—40; Joh 14, 1—6; Röm 5, 1—10; Röm 8, 14—23; Röm 14, 7—9; 1 Kor 15, 20—23; 1 Kor 15, 54—58; 2 Kor 5, 1—10; 1 Petr 5, 10—11; 2 Petr 3, 10—13; 1 Joh 4, 17—18; Offb 20, 11—15; Offb 21, 1—22, 5

Wer ist (nun wirklich) ein Christ?

Man kann viele Antworten bekommen auf die Frage, wer eigentlich ein Christ ist:
einer, der in die Kirche geht,
einer, der an Gott glaubt,
einer, der die Gebote hält,
einer, der Kirchenbeitrag zahlt,
einer, der die kirchliche Lehre annimmt,
einer, der die kirchliche Moral einhält,
einer, der die kirchlichen Bräuche hochhält,
einer, der kirchlich eingestellt ist,
einer, der sich in der Kirche engagiert,
einer, der seinen Nächsten liebt,
einer, der an ein Jenseits glaubt . . .
So viele richtige — und doch mangelhafte — Antworten.
Der Name „Christ" sagt eigentlich schon genug aus:
Ein Christ ist einer, der an Christus glaubt.

Natürlich kann man diesen knappen Satz entfalten: Was heißt es, an Christus zu glauben? Letztlich nicht nur zu meinen, daß es ihn gegeben hat. Oder daß er ein guter, weiser, genialer usw. Mensch gewesen ist. Ganz am Anfang wurde schon gesagt: „Glauben" heißt, in etwas feststehen, sich auf etwas begründen, auf etwas sein Leben aufbauen. Für einen Christen heißt das: sein Leben an Jesus orientieren, auf Jesus setzen, in seiner „Nachfolge" leben. So gesehen gibt es keine „Christenlehre" ohne ein „Christenleben" — doch davon im zweiten Teil.

Bleiben wir noch bei der Christenlehre. In sieben Schritten haben wir auf „Urfragen" unseres Lebens christliche Antworten gesucht. Deshalb könnten wir nun siebenfach beschreiben, was ein Christ ist: Ein Christ ist einer, der auf die Frage „Woher wir kommen" antwortet ... Durch sieben solche Antworten wird immer dichter spürbar, was Christsein für unser Leben bedeutet — aber auch, wie Christen von Gott denken.

1 Wir fragen: Woher kommen wir?
Und antworten: Wir sehen in Gott Ursprung und Ziel unseres Lebens und bauen darauf.
Wir glauben an Gott.

2 Wir fragen: Worin stehen wir fest?
Und antworten: Wir sehen uns von Gott geliebt und versuchen, ihm zu erwidern.
Wir lieben Gott.

3 Wir fragen: Was läßt uns leben?
Und antworten: Wir sehen in der Liebe das, was unser Leben erst menschlich macht.
Wir lieben den Nächsten und uns selbst.

4 Wir fragen: Was macht uns leiden?
Und antworten: Wir sehen im gekreuzigten Jesus den mit uns leidenden Gott.
Wir glauben an Jesus Christus.

5 Wir fragen: Was macht uns schuldig?
Und antworten: Wir sehen uns durch Jesu Tod und Auferweckung mit Gott versöhnt.
Wir glauben an den Erlöser Jesus Christus.

6 Wir fragen: Was verbindet uns?
Und antworten: Wir sehen in der kirchlichen Gemeinschaft Gott weiterwirken.
Wir glauben an den Heiligen Geist.

7 Wir fragen: Wohin gehen wir?
Und antworten: Wir sehen in Gott eine Hoffnung über den Tod hinaus.
Wir glauben an ein neues Leben in Gott.

Nun — die sieben Fragen und Antworten überblickend — findet der Christ Auskunft über seinen Glauben (1), sein Lieben (3) und sein Hoffen (7), die sogenannten „göttlichen Tugenden".

Er findet die drei Grundpfeiler der alten Credos, Gott Vater (1, 2), Gott Sohn (4, 5) und den Heiligen Geist (6), die sogenannte „Dreifaltigkeit".

Er findet die drei Weisen, zu lieben — die Gottesliebe (2), die Eigen- und die Nächstenliebe (3) — und damit die „christliche Liebesethik", wie sie Juden- und Christentum lehren.

Er findet aber auch die biblischen Aussagen über Gott: den schaffenden Gott (1), den liebenden Gott (2), den leidenden Gott (4), den versöhnlichen Gott (5), den einigenden Gott (6).

Wir nennen uns „Christen", weil Christus, der Gekreuzigte („Ecce homo") und der Auferstandene („Ecce Deus") uns Frage und Antwort in einem ist („Ecce homo credens in Deum").

Sosehr die Zahl der Antworten den Eindruck erwecken mag, die Fragen wären nun verstummt, so sehr ist dem zu widersprechen. Ein Christ ist — solange er lebt — keiner, der bei ein paar Glaubenssätzen seine Seelenruhe gefunden hätte: Der Christ ist bei allem Glaubenswissen weiterhin ein fragender Mensch. Doch verstört ihn dieses Fragenmüssen nicht mehr in den tiefsten Schichten seines Wesens — er ist sich eines

Grundvertrauens durch Gott gewiß. Das macht ihn stark (= gläubig), weiterzufragen.

Glaube ist nicht etwas, was man (ein für allemal) „hat“ — wir können in dieser Welt nicht „in den Besitz der ganzen Wahrheit“ gelangen. Glaube ist etwas, das in einem „wird“.

Wir können uns um den Glauben mühen, wir können um ihn bitten. Wir können ihn nicht verdienen, erarbeiten, ertrotzen. Er wird geschenkt. Wer glaubt, ist dankbar.

Zweiter Teil

Wie lebt ein Christ?

Alois Kraxner

Christ sein soll sich in der konkreten Lebensgestaltung auswirken. Von solchen Auswirkungen des Christseins auf das konkrete Leben war schon im ersten Teil öfters die Rede. Nun soll die Frage: Wie lebt ein Christ? direkt gestellt werden.

Die Antwort wird in vier Kapiteln versucht.

Im ersten Kapitel werden einige Grundfragen christlicher Sittlichkeit berührt: Freiheit, Verantwortung, Betroffenheit, Liebe.

Die drei folgenden Kapitel tragen die Überschriften:

— Liebe Gott
— Liebe den Nächsten
— Liebe dich selbst

Von zwei wichtigen Bereichen: vom Wirken in Kirche und Welt, wird vor allem im dritten Teil des Behelfes die Rede sein.

Die Antwort auf die Frage: Wie lebt ein Christ? kann nur bruchstückhaft sein, weil das christliche Leben alle Bereiche des menschlichen Lebens betrifft und diese nicht in Kürze in allen Einzelheiten dargestellt werden können.

Dieser zweite Teil des Behelfes hat deshalb einen eigenen Stil. Es gibt wenig durchlaufende Texte, aber sehr viele aufeinanderfolgende Impulse und Denkanstöße. Dadurch ist es eher möglich, die vielen Aspekte der jeweiligen Frage wenigstens anzudeuten. Diese Art der Darstellung erschwert aber auch das Lesen und erfordert das eigene Weiterdenken des einzelnen oder der Gruppe, die sich mit diesem Behelf auseinandersetzt.

1 Freiheit, Verantwortung, Betroffenheit, Liebe

Freiheit zum Guten

Tief verwurzelt im Menschen ist das Verlangen, gut zu sein. Dieses Verlangen ist nicht vergeblich. Daß es erfüllt werden kann, ist schon eine Verheißung der Heiligen Schrift des Alten Bundes:

> „Und ich werde euch ein neues Herz geben und einen neuen Geist in euer Inneres legen; ich werde das steinerne Herz aus eurem Leib herausnehmen und euch ein fleischernes Herz geben. Meinen Geist werde ich in euer Inneres legen und machen, daß ihr in meinen Satzungen wandelt und meine Gesetze getreulich erfüllt. Und dann werdet ihr wohnen bleiben in dem Land, das ich euren Vätern gegeben habe, und ihr werdet mein Volk sein, und ich werde euer Gott sein.“ (Ez 36, 26—28)

Diese Verheißung findet in Jesus Christus ihre Erfüllung. Er ist der Mensch, der fähig ist, gut zu sein, und der auch jene, die an ihn glauben, dazu befähigen möchte. Erlösung hat die Wiederherstellung der Kräfte des Menschen für das Gute zum Ziel. Dem Erlösten soll die Freiheit zum Guten geschenkt werden:

> „Ihr wurdet von der Macht der Sünde befreit und seid zu Sklaven der Gerechtigkeit geworden." (Röm 6, 18)

> „Einst wart ihr Finsternis, jetzt aber seid ihr durch den Herrn Licht geworden. Lebt als Kinder des Lichts! Das Licht bringt lauter Güte, Gerechtigkeit und Wahrheit hervor." (Eph 5, 8 f.)

> „Ihr habt den alten Menschen mit seinen Taten abgelegt und seid zu einem neuen Menschen geworden, der nach dem Bild seines Schöpfers erneuert wird, um ihn zu erkennen." (Kol 3, 9 f.)

Der Apostel Paulus ermutigt seine Gemeinden wiederholt, an diese neu geschenkte Fähigkeit und Freiheit zum Guten zu glauben und daraus die Konsequenzen für die konkrete Lebensweise zu ziehen.

> „Legt den alten Menschen ab, der in Verblendung und Begierde zugrundegeht; ändert euer früheres Leben und erneuert euren Geist und Sinn! Zieht den neuen Menschen an, der nach dem Bild Gottes geschaffen ist, in wahrer Gerechtigkeit und Heiligkeit." (Eph 4, 22—24)

Diese Freiheit zum Guten, die durch die Taufe und Firmung grundgelegt wird, muß nach und nach im konkreten Leben Gestalt annehmen. Das Sterben des „alten" und das Werden des „neuen" Menschen ist nicht ein einmaliges punktuelles Ereignis, sondern ein Lebensprozeß. Christ sein heißt Christ werden. Und dieses Christsein erfordert auch das freie Mitwirken des einzelnen, das Ablegen alter Gewohnheiten und die Übernahme einer neuen Lebensweise.

Die Freiheit zum Guten wird aber auch behindert von der „Macht der Sünde", von äußeren Zwängen, denen auch der Christ ausgesetzt ist. Die gesellschaftlichen Verhältnisse, die Zustände, die Sachzwänge erschweren es dem Menschen, gut zu sein.

Treffend zeigt dies folgende Kurzerzählung von Solschenizyn:

> „Bei Sonnenaufgang liefen dreißig Jugendliche auf die Wiese, stellten sich in Abständen auf, das Gesicht der Sonne zugewandt, und begannen sich zu bücken, hinzuhocken, zu verbeugen, auszustrecken, die Arme auszubreiten, die Arme zu heben, kniend den Körper hintenüber zu werfen. Dies dauerte eine Viertelstunde lang. Von weitem hätte man meinen können, sie beten.
> In unseren Tagen wundert es niemand, daß der Mensch Tag für Tag geduldig und aufmerksam seinem Körper dient. Wir wären aber gekränkt, wenn er so seinem Geiste diente. Nein, dies ist kein Gebet. Es ist die Morgengymnastik."

Nach dieser Erzählung gestattet die Mitwelt nicht, religiös zu sein.

Die inneren und äußeren Zwänge können zeitweise auch im Leben des Christen so massiv werden, daß er an seiner Fähigkeit zum Guten zweifelt und sich von den Ansprüchen einer christlichen Lebensweise überfordert fühlt.

Trotzdem soll der Christ an die Verheißung glauben, daß Gott ihm die Freiheit zum Guten schenken will und daß es ihm möglich ist, auf jene Ziele zuzugehen, wie sie die Bergpredigt beschreibt.

Impulsfragen:

„Alle, die sich vom Geiste Gottes leiten lassen, sind Söhne Gottes.“ (Röm 8, 14)
Wie kann der Christ die Kräfte nutzen und wecken, die ihm durch Taufe und Firmung geschenkt sind?
Wo erfahren Sie in Ihrer Umwelt Zwänge, die das Gutsein erschweren?

Bereitschaft, Verantwortung zu übernehmen

Es gehört zur Reife des Menschen, daß er Verantwortung übernimmt: Verantwortung für sich selbst, für seine Mitmenschen und für seine Mit- und Umwelt, die er mitgestalten kann. Christlicher Glaube will den Menschen befähigen, diese Verantwortung in den verschiedenen Lebenssituationen wahrzunehmen.

Was Verantwortung konkret bedeutet, zeigt Jesus am Beispiel des barmherzigen Samariters:

> „Ein Mann ging von Jerusalem nach Jericho hinab und wurde von Räubern überfallen. Sie plünderten ihn aus und schlugen ihn nieder; dann gingen sie weg und ließen ihn halbtot liegen. Zufällig kam ein Priester denselben Weg herab; er sah ihn und ging weiter. Auch ein Levit kam zu der Stelle; er sah ihn und ging weiter. Dann kam ein Mann aus Samarien, der auf der Reise war.

Als er ihn sah, hatte er Mitleid, ging zu ihm hin, goß Öl und Wein auf seine Wunden und verband sie. Dann hob er ihn auf sein Reittier, brachte ihn zu einer Herberge und sorgte für ihn. Am anderen Morgen holte er zwei Denare hervor, gab sie dem Wirt und sagte: Sorge für ihn, und wenn du mehr für ihn brauchst, werde ich es dir bezahlen, wenn ich wiederkomme.“ (Lk 10, 30—35)

Der Samariter hat auf die Not geantwortet, die ihn herausgefordert hat. Der Priester und der Levit haben sich verantwortungslos verhalten.

Eine wichtige Hilfe, die Verantwortung zu erkennen, sind die sittlichen Normen. Sie machen mit ihrem „Du sollst“ oder „Du sollst nicht“ auf die Verantwortung aufmerksam.

Gegenüber Geboten und Verboten aber gibt es ein im Menschen tief verwurzeltes Unbehagen, das sich zur Angst steigern kann. Es ist die Angst, daß durch Gebote und Verbote dem Menschen Wichtiges und Gutes vorenthalten wird. Es ist die Angst, das Leben zu verlieren oder — in der Sprache unserer Zeit gesagt — an der Selbstverwirklichung vorbeizuleben.

Sittliche Anforderungen wollen keine Verminderung des Lebens, sondern sollen seiner vollen Entfaltung dienen. Dies stimmt auch dann, wenn das Du-Sollst oder Du-sollst-Nicht in bestimmten Situationen als Schranke und Einschränkung dessen, was der Mensch gerade gern möchte, erfahren wird. Aber was dem Menschen im Augenblick so wichtig erscheint, kann seinem tieferen Menschsein widersprechen, sein eigenes Leben auf längere Sicht vermindern oder das seiner Mitmenschen zerstören.

Wer verantwortlich handeln möchte, der muß die Angst vor dem Du-Sollst und Du-sollst-Nicht verlieren. Denn bei all dem Mißbrauch, den es mit Geboten und Verboten auch gibt, sind die Gebote unbestreitbar ein Weg zum Leben, sie schützen und fördern die Grundwerte des Menschen.

Gebote gehören zum christlichen Leben:

> „Jeder, der glaubt, daß Jesus der Christus ist, stammt von Gott, und jeder, der den Vater liebt, liebt auch den, der von ihm stammt. Wir erkennen, daß wir die Kinder Gottes lieben, wenn wir Gott lieben und seine Gebote erfüllen. Denn die Liebe zu Gott besteht darin, daß wir seine Gebote halten. Seine Gebote sind nicht schwer. Denn alles, was von Gott stammt, besiegt die Welt. Und das ist der Sieg, der die Welt besiegt hat, unser Glaube.“ (1 Joh 5, 1—4)

Impulsfragen:

Im folgenden werden einige Voraussetzungen genannt, um verantwortlich handeln zu können. Ergänzen Sie diese Voraussetzungen und reihen Sie diese nach ihrer Wichtigkeit:
— Sachkenntnis
— Gebildetes Gewissen
— Norm als Entscheidungshilfe
— Mut
— Kraft
— Liebe . . .

Betroffenheit

Was veranlaßt einen Christen, auch tatsächlich als Christ zu leben? Was gibt ihm die Motive, die nicht immer leicht erreichbaren Ziele christlichen Lebens anzustreben?

Ein Blick in das Leben der Heiligen — sie sind vorbildhafte Christen — zeigt, daß die persönliche Betroffenheit ein starker Beweggrund ist.

Es gibt eine dreifache Betroffenheit:

— Es gibt Menschen, die sind betroffen von der Gestalt Jesu. Sie erfahren Jesus als jemanden, der sie fasziniert, der sie in seinen Dienst nimmt. Und sie versuchen, ihm nachzufolgen.
(Vgl. die „Berufungsgeschichten" im Neuen Testament)

— Andere sind betroffen von Gott, seiner Größe und seiner Liebe. Diese Betroffenheit hat manche Christen veranlaßt, alles zu verlassen und nur Gott zu suchen und dabei sich selbst und den Mitmenschen zu entdecken.

— Es gibt aber auch Menschen, die sind betroffen vom Menschen selbst, von der Größe seiner Berufung oder von seiner Not. Und es drängt sie zu helfen, daß ihre Mitmenschen von ihrer Not frei werden und die Größe ihrer Berufung entdecken.

Diese drei Formen der Betroffenheit sind eng miteinander verbunden. Gott, Christus und der Mensch lassen sich nicht voneinander trennen. Alles, was zu dieser persönlichen Betroffenheit führt und sie am Leben erhält, kann dazu führen, daß Christen auch christlich leben.

Nicht das „Du sollst“ bewegt und befähigt den Christen, sondern die personale Begegnung. Die Gebote stehen im Dienste dieser Begegnung; sie sollen helfen, daß die Begegnung in ihren vielfältigen Formen besser gelingt.

Darum sind auch folgende Dinge für das Leben des Christen wichtig:

— Die Begegnung mit Menschen, die faszinieren und ansteckend wirken.
— Die Erfahrung, von der Kirche — von der Gemeinschaft — getragen, anerkannt und gefordert zu sein.
— Gemeinsame Erlebnisse bei Gottesdiensten und anderen Zusammenkünften von Christen.
— Die Grunderfahrung von Liebe, Leid, Freude, Trauer, vom Schönen, die dem Menschen die entscheidenden Wirklichkeiten des Lebens erahnen läßt.
— Die Verbundenheit mit Jesus Christus — Leben aus der Kraft seines Wortes; Begegnung mit Christus in der Feier der Sakramente, besonders der Eucharistie. Das Zweite Vatikanum bezeichnet sie als Quelle christlichen Lebens.
— Gute Erfahrungen, die Menschen mit ihrem Glauben machen; z. B. die Erfahrung, daß der Glaube Halt und Orientierung gibt, daß er Trost, Freude vermittelt.
— Das Erlebnis der Größe der Schöpfung, der Vielfalt und der Geheimnisse der Natur, des Makro- und Mikrokosmos . . .
— Das Gebet.

Impulsfragen:

Gab es auch in meinem Leben Begegnungen und Ereignisse, die mich in der oben beschriebenen Weise betroffen machten? Wodurch kann eine solche Betroffenheit entstehen? Inwiefern können wir sie auch verhindern — oder verkümmern lassen? Was veranlaßt und bewegt mich, selbst christlich zu leben? Welche Beweggründe kann ich bei Mitchristen entdecken?

Liebe — die Grundformel des Lebens

Wie lebt ein Christ? Wie verhält er sich in den unterschiedlichen Situationen seines Lebens? Was heißt, gut sein? Gibt es überhaupt eine Grundformel, die die Vielfalt des Lebens zusammenfassen kann? Im Alten Testament war die gängige Grundformel der Dekalog — die Zehn Gebote Gottes (Ex 20, 1—17; Deut 5, 6—20).

Im Neuen Testament ist eine solche Grundformel das Gebot der Gottes- und der Nächstenliebe.

Bei Matthäus und Markus ist dieses Gebot die Antwort auf die Frage: Was ist das wichtigste und erste Gebot? Bei Lukas ist es die Antwort auf die Frage: „Was muß ich tun, um das ewige Leben zu gewinnen?“ (Lk 10, 25 f.)

Nach Matthäus lautet dieses Gebot:

„Du sollst den Herrn, deinen Gott, lieben mit ganzem Herzen, mit ganzer Seele und mit all deinen Gedanken. Das ist das wichtigste und erste Gebot. Ebenso wichtig ist das zweite: Du sollst deinen Nächsten lieben wie dich selbst. An diesen beiden Geboten hängt das ganze Gesetz samt den Propheten.“ (Mt 22, 37—39)

Paulus faßt zusammen und schreibt im Römerbrief:

„Bleibt niemandem etwas schuldig; nur die Liebe schuldet ihr einander immer. Wer den andern liebt, hat das Gesetz erfüllt.“ (Röm 13, 8)

Die wichtigste Aufgabe im Leben eines Christen ist die Liebe: die Liebe zu Gott und den Mitmenschen; und da der Mensch auch zu sich selbst in Beziehung treten kann: die Selbstliebe. Die Selbstliebe ist indirekt im Hauptgebot mitausgesagt, nämlich: Liebe den Nächsten **wie dich selbst.**

Das Wichtigste im Leben des Christen ist die Begegnung: Die Begegnung mit Gott, den Mitmenschen und mit sich selbst. Alles andere ist auf diese Begegnung und Beziehung hingeordnet.

Die Frage: wie lebt ein Christ? kann darum auch lauten: Wie lebt ein Christ seine Beziehung zu Gott, zu den Mitmenschen, zu sich selbst?

Die Antwort lautet: Liebe Gott — Liebe den Nächsten — Liebe dich selbst.

2 Liebe Gott

Wie lebt der Mensch seine Beziehung zu Gott? Die Antwort lautet: „Du sollst den Herrn, deinen Gott, lieben mit ganzem Herzen, mit ganzer Seele und mit all deinen Gedanken.“ (Mt 22, 37)
Aber wie soll der Mensch Gott lieben, den er nicht kennt, den er nicht sehen und greifen kann? Um Gott lieben zu können, muß zuerst der Mensch Gott suchen, ihn entdecken; oder besser Gott selbst muß sich ihm erschließen.
Plaise Pascal hat nie jene Stunde vergessen, in der er Gott gefunden hat.

> „23. November 1654
> Von ungefähr zehn einhalb Uhr am Abend bis ungefähr eine halbe Stunde nach Mitternacht, Feuer.
> Gott Abrahams, Gott Isaaks, Gott Jakobs, nicht der Philosophen und Gelehrten.
> Gewißheit, Gewißheit. Freude, Friede. Gott Jesu Christi . . . Dein Gott soll mein Gott sein.
> Vergessen der Welt und alles übrige, außer Gott.
> Er findet sich nur auf den Wegen, die im Evangelium gelehrt sind. Größe der menschlichen Seele . . . Das ist das Ewige Leben, daß sie Dich als den alleinigen, wahren Gott erkennen, und den Du gesandt hast, Jesus Christus.“

Nicht jeder entdeckt Gott in einem so elementaren Erlebnis wie Pascal. Es gibt auch unauffällige Wege zu Gott.

Gott suchen

Der Christ ist ein Mensch, der Gott sucht. Er sucht nicht irgendeinen Gott, sondern den Gott Jesu Christi, jenen Gott, von dem uns das Evangelium erzählt und der sich im Leben Jesu offenbart.

Wo und wie können wir Gott suchen?

Es gibt viele Wege. Es gibt Spuren Gottes in dieser Welt, die freilich nicht jeder lesen kann.

— Wir können die Spuren Gottes entdecken in der Schöpfung.
  „Die Himmel rühmen die Herrlichkeit Gottes, vom Werk seiner Hände kündet das Firmament“ (Ps 19).
  Denn die Schöpfung ist sein Werk.
— Ich kann diese Spuren erkennen im eigenen Leben, im Leben der Mitmenschen. Denn im Leben des Menschen gibt es Spuren und Zeichen von Gottes Anwesenheit. Es gibt Ereignisse, Fügungen, die uns etwas über Gott erahnen lassen.
— Ich höre auf das, was andere von Gott sagen, besonders auf Jesus Christus, auf das Evangelium, auf das Wort der Kirche und der Mitchristen.
— Jesus ist der zuverlässige Zeuge und Verkünder: „Der einzige, der Gott ist und am Herzen des Vaters ruht, er hat Kunde gebracht.“ (Joh 1, 19)

Hilfen auf dieser Suche sind die Stille, das aufmerksame Hören, die Meditation, das Gebet, das Versammeltsein im Namen Jesu, die Erfahrung von Freude und Leid. Der Christ weiß um diese Wege zu Gott und geht sie.

Wer ist Gott, den ich suche?

Es ist nicht leicht, von Gott zu sprechen. Gott ist unbegreiflich. Auch wird sein Bild oft entstellt und sein Name mißbraucht. Trotzdem können wir aufgrund der Offenbarung etwas über Gott sagen. Wer ist Gott?

— Es ist Gott, den Jesus Vater nennt, der die Welt und den Menschen erschaffen hat; der die Erde liebt, sich um den Menschen sorgt und der jeden bei seinem Namen ruft;
der mich in seine Hand geschrieben hat,
dem es nicht gleichgültig ist, was ich mit meinem Leben und dem Leben anderer mache,
dem ich verantwortlich bin,
der nach dem Schicksal des Bruders fragt: „Wo ist dein Bruder Abel?" (Gen 4, 9)

— Es ist der Gott, den ich in einer Welt voll Leid und Tod oft nicht verstehen kann,
der uns seinen Sohn sendet, damit wir das Leben haben,
der im Heiligen Geist in der Welt, in der Kirche, in meinem Leben wirksam gegenwärtig ist.

— Er ist der Gott, der vergibt;
der zu neuem Leben erweckt,
der die Verirrten heimholt,
der Ursprung und Ziel der Schöpfung ist,
der auch die Mitte und das Ziel meines Lebens sein möchte.

— Es ist der Gott, der zu mir spricht und zu dem ich sprechen kann,
der mir nahe und ferne ist,
den ich nicht begreifen kann, weder in seinen leidvollen Fügungen noch in seiner Liebe.

— Es ist Gott, den ich beiseite schieben und verdrängen kann,
von dem ich mich trennen und zu dem ich heimkehren kann.
— Es ist der dreifaltige Gott: Vater — Sohn — Heiliger Geist, in dessen Namen wir getauft werden und an dessen Leben wir Anteil haben.

Impulsfragen:

Wo und wie erfahre ich gegenwärtig Gott?
Welche Züge am Gottesbild sind für uns heute besonders wichtig?
Inwiefern entspricht unser Bild von Gott dem Gott Jesu Christi, dem Vater Jesu?
Gott zu suchen, bleibt eine ständige Aufgabe; niemand darf meinen, Gott schon gefunden zu haben. Denn Gott ist so groß, daß wir ihn immer neu finden und ihm immer neu begegnen können.
Dennoch gilt: Er hat mich gefunden! Lasse ich mich finden?

Sich von den Götzen zum wahren Gott bekehren

> „Niemand kann zwei Herren dienen; er wird entweder den einen hassen und den anderen lieben, oder er wird zu dem einen halten und den anderen verachten. Ihr könnt nicht beiden dienen, Gott und dem Mammon." (Mt 6, 24)

Bekehrung weg von den Götzen ist auch für den Christen eine bleibende Aufgabe.

Gott hat im Leben des Menschen eine entscheidende Bedeutung:

— Gott ist der **letzte** Halt. Auf ihn gründet der Mensch sein Leben, seine Hoffnungen; auch dann, wenn das Leben sinnlos zu werden scheint.
— Gott ist das **Zentrum,** der **Brennpunkt** der Orientierung, sein Wille ist maßgebend, auch wenn er nicht immer leicht erkennbar ist.
— Gott ist der **höchste** Gegenstand der Verehrung und Hingabe.

Überall dort, wo Gott nicht der letzte Halt, der Brennpunkt der Orientierung und höchste Gegenstand der Verehrung und Hingabe ist, wo etwas Geschaffenes an seine Stelle tritt, dort geschieht Götzendienst.

Solcher Götzendienst kann sich auch verbergen hinter einem äußerlich vollkommen richtigen Glaubensbekenntnis. Fast ohne es zu merken, kann im tatsächlichen Lebensvollzug an die Stelle Gottes ein Götze, ein Idol, treten.

Formen solchen Götzendienstes sind: Anbetung der Macht, des Erfolges, des Genusses, einer Rasse, einer Ideologie; auch ein Mitmensch kann zu einem Idol werden, dem alles andere geopfert wird.

Impulsfragen:

— Wer oder was ist für mich der letzte Halt? Worauf stütze ich mein Leben? Allein auf die eigene Leistung? Auf Macht? Reichtum? Auf gute Beziehungen? . . .
— Wer oder was ist für mich Brennpunkt der Orientierung? Nach wem oder was richte ich letztlich mein

Handeln aus? Ist es das eigene Wohlergehen? Der Wille eines Mitmenschen (z. B. krankhafte Mutter- oder Vaterbindung)? Die Parteilinie? Eine Ideologie? Ordne ich alles diesen Zielen unter, auch wenn dadurch Unrecht entsteht?

— Wer ist für mich der höchste Gegenstand der Verehrung und Hingabe?
Wem opfere ich? Was opfere ich?
Ich opfere z. B. Frau und Kinder der Karriere oder dem Besitz. Der Nationalsozialismus und auch andere totalitäre Systeme opfern Millionen von Menschen, um ihre Ziele zu verwirklichen. Wenn Gott nicht der höchste Gegenstand der Hingabe und Verehrung ist, dann werden leicht andere Gegenstände zu diesem höchsten Gegenstand, sowohl im persönlichen Leben wie im öffentlichen Leben.

> „Sie vertauschen die Wahrheit Gottes mit der Lüge; sie beteten das Geschöpf an und verehrten es anstelle des Schöpfers — gepriesen ist er in Ewigkeit. Amen.“ (Röm 1, 25)

Die Wertmaßstäbe geraten durcheinander. Die Folgen sind für die Menschen katastrophal (vgl. Röm 1, 26ff.).

— Götzen erweisen sich früher oder später als nichtig. Diese Erfahrung ist eine Chance der Bekehrung. In der Bekehrung werden die Götzen verlassen und wird der „wahre und lebendige“ Gott gefunden und anerkannt.
Er wird entdeckt als letzter Halt, als das Ziel der Orientierung und der höchste Gegenstand der Hingabe und Verehrung, aber auch als Stifter eines alles umfassenden und überbietenden Sinns.

An Gott glauben, auf ihn hoffen, ihn lieben

Wie lebt ein Christ seine Beziehung zu Gott? Er glaubt, hofft und liebt. Glauben, Hoffen, Lieben gibt es nur zwischen Personen. **ICH** glaube an **DICH, ICH** hoffe auf **DICH, ICH** liebe **DICH.** Damit Glaube, Hoffnung und Liebe sich verwirklichen können, müssen beide Personen tätig werden. Gott muß sich auf irgendeine Weise zeigen, er muß sprechen oder sich in „Taten“ äußern, damit ich an ihn glaube, auf ihn hoffen und ihn lieben kann. Glaube, Hoffnung und Liebe sind **Antwort** auf Gottes Wort und auf Gottes Wirken. Sie sind ein Geschenk Gottes an die Menschen. Die Befähigung zu glauben, zu hoffen und zu lieben kommt von Gott. Sie ist Gnade. Diese Befähigung (Tugend) ist ein Geschenk, das der Mensch annehmen, aber auch ablehnen, das er pflegen oder verkümmern lassen kann.

(1) An Gott glauben — Was heißt glauben?

Leo Tolstoi erzählt von seinem Weg zum Glauben:

> „An einem Vorfrühlingstag war ich allein im Wald und lauschte seinem Rauschen. Ich dachte an meine Unruhe während der letzten drei Jahre, an mein Suchen nach Gott, an mein dauerndes Schwanken zwischen Freude und Verzweiflung. Und plötzlich sah ich, daß ich nur lebte, wenn ich an Gott glaubte. Wenn ich nur an ihn dachte, erhoben sich mir die frohen Wogen des Lebens. Alles ringsum belebte sich, alles bekam einen Sinn. Aber sobald ich nicht mehr an ihn glaubte, stockte plötzlich das Leben. — ‚Was suche ich

also noch?‘ rief eine Stimme in mir. ‚Er ist es doch, ohne den man nicht leben kann! Gott kennen und leben ist eins. Gott ist das Leben . . . ‘ Seitdem hat mich diese Leuchte nie mehr verlassen.“

Nach diesem Text heißt Glauben Gott kennen. Gemeint ist ein Erkennen, welches das ganze Leben verwandelt. Nicht jeder erlebt dies so elementar wie Tolstoi.

Es gibt viele Gestalten und Formen des Glaubens. Glauben heißt:

- Auf Gottes Wort — in der Schöpfung, in der Geschichte der Menschen, im Alten Testament und in Jesus Christus — hören, sich darauf verlassen, sich an diesem Wort orientieren. — Glauben heißt, Gott beim Wort nehmen.
- Jesus Christus als die entscheidende Offenbarung Gottes anerkennen; „Wer mich gesehen hat, hat den Vater gesehen.“ (Joh 14, 9)
- Gott erkennen und anerkennen als den Schöpfer der Welt, als die letzte Wurzel auch des eigenen Seins; er hat auch mich mit Namen gerufen (Jes 40, 26; 43, 1; 45, 4); auch ich bin eingezeichnet in seine Hände (Jes 49, 16).
- Von Gott her sich sein Leben, sein Wesen, seine Vergangenheit und Zukunft, seinen Standort in der Welt deuten lassen. — Die Welt sozusagen mit den Augen Gottes zu sehen beginnen.
- In Gott Halt finden.
- Die Zweifel, die sich gegen den Glauben erheben, ertragen, in den Glauben hineinnehmen.

Was dem Glauben widerspricht

- Gedankenlos in die Welt hineinleben, sich den aufbrechenden Fragen nicht stellen.
- Auf eine tiefere Deutung des Lebens verzichten, weil dies zu anstrengend ist.
- Nach eigenem Gutdünken sich aus den verschiedenen Religionen und Weltanschauungen sein Weltbild zusammenzubasteln.
- Sich selbst zum Maß des Glaubens machen, indem man vom Worte Gottes nur das annimmt, was man einsieht und was in die eigene Lebensgestaltung hineinpaßt — und dadurch Gott das letzte Vertrauen verweigern.
- Den Glauben nur nach außen mit Worten bekennen, ohne innere Überzeugung und Auswirkung auf die Lebensgestaltung.
- Dem Zweifel gegen den Glauben erliegen; den Glauben verlieren.

Nicht alles, was dem Glauben widerspricht, ist Sünde. Sünde beginnt dort, wo der Mensch frei und bewußt den Glauben verweigert oder vernachlässigt und dadurch gegen sein Gewissen handelt.

Impulsfragen:

Überlegen Sie selbst, wo Sie in diesen kurzen Andeutungen Ihren Glauben wiederfinden, oder wodurch Ihr Glaube gefährdet wird.

(2) Auf Gott hoffen — Was heißt hoffen?

Ein Manifest der Hoffnung sind die Seligpreisungen (Mt 5, 3—11). Das Wort Gottes enthält viele Verheißungen. Schon der Name Gottes „Jahwe“ ist eine Verheißung seiner hilfreichen Gegenwart: „Ich-bin-da" (Ex 3, 14). Ähnlich der Name des Messias: „Immanuel = Gott-mit-uns".

— Hoffen heißt vertrauen, daß Gott treu ist, daß er sein Wort einlöst, daß seine Verheißungen in Erfüllung gehen.
— In Geduld und Vertrauen hoffen, daß sein Reich zu uns kommt, daß sein Heilswille sich durchsetzt, daß er den Armen und Bedrängten aller Art Recht verschafft, daß der Sünder Vergebung erhält, daß die Macht des Bösen gebrochen wird.
— Im Vertrauen und in Geduld hoffen, daß er jedem Leben einen Sinn geben kann; auch dort, wo wir keinen Sinn mehr erkennen können.
— Sich für alle Verheißungen Gottes offenhalten, auch für das Kommen des „neuen Himmels" und der „neuen Erde", für Hoffnungen, die das Leben in dieser Welt überschreiten, für das ewige Leben.
— Hoffen heißt erwarten und vertrauen, daß die Lebensweise Jesu (denken wir an die Bergpredigt) Zukunft schenkt, auch dann, wenn sie scheinbar ins Gegenteil führt.
— Hoffen heißt auch mit aller Kraft jener Zukunft entgegenzugehen, die wir als Verheißung Gottes erwarten.

Was der Hoffnung widerspricht

— Von Gott nichts hoffen; alles, was man erhofft, allein noch von sich selbst, eventuell noch von der Hilfe der Mitmenschen erwarten.
— Von Gott auch das hoffen, was der Mensch selbst zu tun hat; nicht auch selbst auf die erhofften Ziele mit allen Kräften zugehen.

— Sich mit weniger zufriedengeben, als dem Menschen zugedacht und möglich ist; sich z. B. mit den diesseitigen Hoffnungen begnügen.
— Von eigener Leistung erwarten, was dem Menschen nur als ein Geschenk von einem Du (von Gott oder Menschen) zukommen kann (z. B. Vergebung, Freundschaft, Gemeinschaft mit Gott).
— Sich tatenlos dem Schicksal ergeben (Fatalismus).
— Auf ein ewiges Leben vertrösten und die menschlichen Zustände in dieser Welt nicht verbessern.
— Nicht mit unerfüllten Sehnsüchten leben können; nicht warten können, wenn die Erfüllung der Hoffnung sich verzögert.
— Von der Wirklichkeit dieser Welt eine Erfüllung erwarten, die der Mensch nur in der ewigen Begegnung mit Gott finden kann.
— An Gott, an den Mitmenschen, an sich selbst verzweifeln.
— Am scheinbaren Unsinn des Lebens verzweifeln.
— Sich der inneren Trägheit überantworten, den Kampf gegen das Mattwerden (auch im Gewissen, in der Liebe) aufgeben.

Impulsfragen:

Die Hoffnungen des einzelnen Menschen sind auch abhängig von den Hoffnungen im Rahmen der Gesellschaft und der allgemeinen Atmosphäre im kirchlichen Leben. Welche Formen der Hoffnung stehen heute im Vordergrund? Wo gibt es Fehlformen oder Mangel an Hoffnung?

(3) Gott lieben — Was heißt lieben?

Liebe im Vollsinn dieses Wortes gibt es nur zwischen Personen. Liebe zu Gott ist erst dann möglich, wenn sich Gott als ein personales Gegenüber, als ein Du erschließt.

- Gott lieben heißt Gottes Liebe — er hat jeden mit Namen gerufen und so sehr geliebt, daß er seinen Sohn dahingab — im Glauben erkennen und mit allen Kräften annehmen; und auch das annehmen, was er uns schenken möchte.
- Sich an Gott freuen, ihm dankbar sein, ihn loben und preisen. Viele Psalmen sind Ausdruck dieser Form von Liebe.
- Nach Gott verlangen — „Meine Seele dürstet nach Dir . . . Darum halte ich Ausschau nach Dir . . . " (Ps 63, 2 f.).
- An der Liebe Gottes zur Welt und den Menschen Anteil nehmen; die Menschen mit ihm und in seinem Sinn lieben — „Seine Freunde sind meine Freunde". Gott im Nächsten lieben.
- Seinen Willen erfüllen — „Denn die Liebe zu Gott besteht darin, daß wir seine Gebote halten" (1 Joh 5, 3).
- Wer Gott liebt, dem ist es auch nicht gleichgültig, wie seine Mitmenschen mit Gott umgehen. Er ist besorgt, daß Gott auch von anderen anerkannt und geliebt wird.
- Sich nach Einheit sehnen — „Ich aber will in Gerechtigkeit Dein Angesicht schauen, mich satt sehen an Deiner Gestalt" (Ps 17 [16, 15]).
- Sich nach dem Kommen seines Reiches sehnen (innerlich ausspannen . . .)

Eine Form der Liebe ist die Anbetung:

> „Die Anbetung ist von größter Wichtigkeit, nicht nur für das religiöse, sondern auch für das geistige Leben des Menschen. So müssen wir Anbetung üben. Uns sammeln, in der Sammlung uns die Größe Gottes vergegenwärtigen, vor dieser Größe uns in Ehrfurcht und in der Freiheit unseres Herzens neigen. Die Beziehungen des Daseins kommen in Ordnung, und die Maße werden richtiggestellt. Diese Wahrheit wird uns wohltun. Sie wird das, was durch die Verwirrung und den Trug des Lebens durcheinandergebracht ist, wieder zurechtrücken. Wir werden geistig gesunden und neu beginnen können."
> (Romano Guardini)

Was der Liebe widerspricht

- Die Gleichgültigkeit; Gott gar nicht wahrnehmen, sich um seine Liebe nicht kümmern, sie übergehen.
- Die Lauheit — „Du bist weder kalt noch heiß. Wärest du doch kalt oder heiß!" (Offb 3, 15).
- Der Haß — die direkte Ablehnung und Verneinung Gottes.
- Lieblosigkeit — das Fehlen der Liebe mit ihren Ausdrucksformen.
- Die Undankbarkeit.
- Die Weigerung — Gott anzunehmen als den, der er ist und sein will: der geduldig Wartende, bis wir uns freiwillig ihm öffnen; als derjenige, der seine Allmacht nicht nützt; als jener, der seine Liebe anbietet, auch um den Preis, abgewiesen zu werden.

Impulsfragen:

Jesus spricht vom Gebot der Gottesliebe. Er redet aber kaum von seiner Liebe zum Vater. Warum spricht er kaum davon? Was bedeutet dies für uns?
Woran können wir seine Liebe zum Vater erkennen?

Den Namen Gottes ehren, ihn nicht mißbrauchen

„Du sollst dir kein Gottesbild machen ... Du sollst den Namen des Herrn, deines Gottes, nicht mißbrauchen ..." (Ex 20, 4 a, 7 a)

Was heißt, den Namen Gottes ehren?

— Gott in Staunen, Ehrfurcht und Liebe begegnen.
— Die Unbegreiflichkeit und zugleich Nähe Gottes erahnen, anerkennen; die Geheimnisse stehen lassen.
— Den Namen Gottes anrufen.
— Verständnis und Ehrfurcht haben für heilige Orte, heilige Zeichen, heilige Zeiten, durch die Gott in dieser Welt leichter erfahrbar wird.

Was heißt, den Namen Gottes mißbrauchen?

Auf unzählige Weise wird der Name Gottes mißbraucht. Martin Buber bezeichnet das Wort Gott als „das belastetste aller Menschenworte":

> „Die Geschlechter der Menschen haben die Last ihres geängstigten Lebens auf dieses Wort gewälzt und es zu Boden gedrückt; es liegt im Staub und trägt ihrer aller Last. Die Geschlechter der Menschen mit ihren Religionsparteiungen haben das Wort zerrissen; sie haben dafür getötet und sind

dafür gestorben; es trägt ihrer aller Fingerspur und ihrer aller Blut. Aber wenn aller Wahn und Trug zerfällt, wenn sie ihm gegenüberstehen im einsamsten Dunkel und nicht mehr er, er sagen, sondern Du, Du seufzen, Du schreien, schreien sie alle das eine, und wenn sie dann hinzufügen Gott, ist es nicht der wirkliche Gott, den sie alle anrufen, der eine, lebendige Gott der Menschenkinder? Ist nicht er es, der sie hört? Der sie — erhört? Und ist nicht eben dadurch das Wort „Gott", das Wort des Anrufs, das zum „Namen" gewordene Wort, in allen Menschensprachen geweiht für alle Zeiten?"

Den Namen Gottes mißbrauchen heißt:

— Sich von Gott ein Bild machen, das nur den eigenen Interessen, Bedürfnissen und Wünschen entspricht. — Immer wieder schaffen sich Menschen einen Gott nach ihrem Bild und Gleichnis.
— Das Bild von Gott entstellen — der zornige Gott, der erbarmungslos die Menschen prüft und straft; der harmlose Opa im Himmel, der über alles hinwegsieht ...
— Im Namen Gottes den Menschen Forderungen auferlegen, die mit dem ursprünglichen Willen Gottes nichts zu tun haben, sondern nur Interessen bestimmter Gruppen dienen (vgl. Jesu Korrektur der Gesetzesauslegung in seiner Zeit).
— Im Namen Gottes Menschen eine Zukunft verheißen, die mit den Verheißungen Gottes nicht übereinstimmt — die falschen Propheten.
— Gott für die eigenen Wünsche und Interessen mißbrauchen. — Im Namen Gottes Kriege führen oder

Revolutionen machen, um den eigenen Machtbereich zu vergrößern. Gott zum Gehilfen der Durchsetzung der eigenen Pläne machen.
— Gottes Namen und Wirken in den verschiedenen Formen des Aberglaubens und der Magie mißbrauchen.

Impulsfragen:

Inwiefern gibt es Zusammenhänge zwischen der Ehrfurcht vor Gott und der Ehrfurcht vor den Menschen?
Jede Zeit hat ihre typischen „Versuchungen". Wo und wie sind wir heute besonders versucht, den Namen Gottes zu mißbrauchen?

Die Beziehung zu Gott pflegen, sie nicht verkümmern lassen, sie „zur Sprache" bringen

Jede Beziehung lebt von Begegnungen, von Worten und Zeichen der Zusammengehörigkeit. Wo diese verschiedenen Formen der Einheit und des Miteinanders ausbleiben, dort verkümmert die Beziehung und stirbt ab.

Die Beziehung mit Gott wird auf vielfältige Weise gepflegt: durch die Suche nach Gott, in Glaube, Hoffnung und Liebe, im Leben nach dem Willen Gottes, in der Begegnung mit Menschen.

Eine wichtige Form ist das Gebet und der Gottesdienst.

Der Christ ist ein Mensch, der betet

— Im Gebet wird Gott mir gegenwärtig, bzw. ich werde ihm gegenwärtig im Schweigen oder im Reden.

— Gebet ist ein Sprechen nicht über Gott, sondern mit oder zu Gott.

Es gibt viele Formen des Betens, weil der Mensch sich auf vielfältige Weise ausdrücken kann.

Es gibt viele Inhalte des Gebetes; alles, was den Menschen bewegt (Lob, Dank, Bitte, Reue, Anbetung), kann Inhalt und Gegenstand des Gebets werden. — Auch Mit-Gott-Hadern kann Gebet sein.

Auch Ijob haderte mit Gott.

Christen sind Menschen, die miteinander beten

Beten ist nicht nur eine Sache des einzelnen. Es soll auch nicht nur im Verborgenen geschehen. Das Gebet des einzelnen ist in das gemeinsame Gebet eingebunden und wird davon neu gespeist. Es gibt das Gebet in der Familie, in Gruppen und das Gebet in Gemeinschaft mit dem Charakter der Öffentlichkeit. Dieses Gebet wird auch als Gottesdienst bezeichnet. Die Höchstform dieses Gottesdienstes sollte für Christen die Feier der Eucharistie sein. — Der Christ ist ein Mensch, der an den öffentlichen Gottesdiensten teilnimmt; ein Mensch, der speziell den sonntäglichen Gottesdienst mitfeiert.

Die Beziehung zu Gott ist mitunter nicht geringeren Belastungen ausgesetzt als die Beziehung unter den Menschen.

Durch die verschiedenen Formen des Gebetes kann die Beziehung zu Gott lebendig bleiben und sich erneuern.

Der Glaube an Gott ist kein Besitz. Er ist verlierbar.

Gott muß sich selbst den Menschen immer neu erschließen, und der Mensch muß den Weg zu Gott immer neu finden.

Impulsfragen:

Oft ist Gott den Menschen fern und schwindet aus dem Bewußtsein. Was kann der Mensch von sich aus tun, daß Gott anwesend wird und bleibt? Welche Wege sind nach Ihrer Erfahrung hilfreich?

3 Liebe den Nächsten

Wie gestaltet der Christ seine Beziehung zum Mitmenschen?

Der Christ orientiert sich an Jesus Christus. Wie hat Jesus sich zu den Mitmenschen verhalten? Die Antwort ist eindeutig. Er liebt seine Freunde und seine Feinde.

> „Es gibt keine größere Liebe, als wenn einer sein Leben für seine Freunde hingibt.“ (Joh 15, 13)

Und

> „Vater, vergib ihnen, denn sie wissen nicht, was sie tun.“ (Lk 23, 34)

Entsprechend dem Verhalten Jesu ist seine Lehre. Das Gebot der Nächstenliebe ist für ihn ähnlich zentral wie die Gottesliebe.

> „Ebenso wichtig ist das zweite: Du sollst deinen Nächsten lieben wie dich selbst.“ (Mt 22, 39)

Gottes- und Nächstenliebe sind untrennbar miteinander verbunden. Wenn jemand den Nächsten nicht liebt, dann liebt er auch nicht Gott. Und wer Gott liebt, wird auch den Nächsten lieben. Um diese innere Verbundenheit von Nächstenliebe und Gottesliebe haben Christen schon immer gewußt.

> „In der Reihenfolge des Doppelgebotes steht an erster Stelle die Liebe zu Gott. In der Ordnung des Handelns kommt aber die Nächstenliebe zuerst . . .

Du siehst Gott noch nicht; das verdienst du erst, wenn du den Nächsten liebst, den du siehst; indem du den Nächsten liebst, reinigst du dein Auge, um Gott sehen zu können. Einleuchtend sagt Johannes: ‚Wer seinen Bruder, den er sieht, nicht liebt, kann Gott nicht lieben, den er nicht sieht.'" (Augustinus)

Die Liebe unter Menschen hat viele Gestalten. Bevor wir uns fragen, wie diese Liebe sich konkret verwirklicht, sei in Stichworten auf diese Vielfalt hingewiesen:

Formen der Liebe

Es gibt viele Formen der Liebe. Dies zu sehen ist sehr wichtig. Denn ohne Liebe — ohne geliebt zu werden und zu lieben — kann der Mensch nicht leben. Wem eine Form der Liebe aufgrund seiner Lebenssituation unmöglich ist, dem kann eine andere Form offenstehen. Jeder Mensch muß seine Möglichkeit der Liebe finden.

Liebe zwischen Mann und Frau

Eine ursprüngliche, sehr vitale Form der Liebe ist die Liebe zwischen Mann und Frau.

„Darum verläßt der Mann Vater und Mutter und bindet sich an seine Frau, und sie werden ein Fleisch." (Gen 2, 24)

Nach katholischem Verständnis ist diese Form der Liebe in der Ehe ein Sakrament, d. h., in ihr wird auch Gottes Liebe unter den Menschen besonders sichtbar und wirksam. Diese Liebe umfaßt den ganzen Menschen (Leib und Seele) und soll nicht enden, sondern dauern, „bis der Tod sie scheidet".

Aber nicht jede Liebe zwischen Mann und Frau ist Ehe. Jede Begegnung zwischen Mann und Frau ist von der Verschiedenartigkeit der Geschlechter mitgeprägt.

Das Verhältnis von Mann und Frau soll grundsätzlich vom Geist der Partnerschaft geprägt sein. Mann und Frau sind gleichrangig und gleichwertig.

> „Denn es gibt . . . nicht Mann und Frau; denn ihr alle seid ‚einer' in Jesus." (Gal 3, 28)

Liebe zwischen Eltern und Kindern

Diese Form der Liebe macht den Mann voll zum Vater und die Frau zur Mutter und ermöglicht dem Kind die Menschwerdung. Sie ist eine Quelle der Hoffnung für Eltern und Kinder, sie kann aber auch, wo sie nicht gelingt, Ursache von Leid und Enttäuschung sein, denn erst im Geliebtwerden entsteht die Fähigkeit zu lieben. Um das Gelingen dieser Liebe waren auch die ersten Christen besorgt. Ein Ausdruck dieser Sorge sind die „Familien- oder Hausordnungen" in (Eph 5, 21—6, 9) und (Kol 3, 18—41).

Nachbarschaft

Nachbar ist, wer neben mir wohnt, angrenzt . . . Nachbarschaft entsteht, wo die Nachbarn miteinander in Beziehung treten, sich gegenseitig kennen, achten, helfen.

Nachbarschaft ist eine wichtige Hilfe, um Menschen vor Isolation und Einsamkeit zu schützen.

Nachbarschaft kann auch zu Belastungen und Konflikten führen. Wer aber aus Angst davor den Nachbarn aus dem Weg geht, zahlt einen hohen Preis.

Der Nachbar ist ein Angebot, eine Chance, gegenseitige Liebe zu leben. Es ist eigentlich unmenschlich, mit Nachbarn beziehungslos nebeneinander zu wohnen; auch in Großstädten. Aber wir haben uns weitgehend an diese Unmenschlichkeit gewöhnt.

Freundschaft

Ihr Kennzeichen ist die gegenseitige Zuneigung und Zuwendung. Freunde haben viele Gemeinsamkeiten, sie stehen zueinander und können sich aufeinander verlassen. Biblische Beispiele sind die Freundschaft zwischen David und Jonathan, zwischen Jesus, Martha, Maria und Lazarus; Jesus nennt nach dem Johannesevangelium auch seine Jünger Freunde (vgl. Joh 15, 14).

Freundschaften können verschieden intensiv sein. Sie sind ein Geschenk. Sie sollen gepflegt werden. Freunde gestatten einander, sie selbst zu sein. Sie halten einander nicht in Abhängigkeit.

Die christliche Gemeinschaft

Eine besondere Form der Nächstenliebe ist auch die brüderliche und schwesterliche Verbundenheit einer christlichen Gemeinde. Sie war eine der überraschenden Erfahrungen der Urkirche: „Die Gemeinde der Gläubigen war ein Herz und eine Seele.“ (Abg 4, 32) Diese Form der Liebe, die aus dem gemeinsamen Glauben an Jesus Christus entsteht, wird heute wieder neu entdeckt. Daß sie der besonderen Pflege bedarf, zeigt wieder die Urkirche. Der Mensch muß immer neu zur Liebe erlöst und befähigt werden.

Liebe in Abhängigkeitsverhältnissen

Es gibt unter den Menschen Abhängigkeitsverhältnisse; diese „Abhängigkeiten“ sind untereinander sehr verschieden: Lehrer und Schüler, Chefs und Angestellte, Arbeitgeber und Arbeitnehmer. Auch in diesen Abhängigkeiten, die nie ganz abzuschaffen sind, weil sie sich teils aus der Natur ergeben und teils auch nötig sind, um das menschliche Leben zu ordnen, soll die Liebe gelebt werden. Nach Paulus sind in Jesus Christus alle Menschen, selbst der Herr und der Sklave, Brüder und Schwestern und sollen einander als Brüder und Schwestern begegnen. Wo das gelebt wird, wird sich die Abhängigkeit immer stärker zu einem partnerschaftlichen Miteinander verwandeln.

Wo die Liebe gelebt wird, dort kommt jeder zu seinem Recht; dort bedarf es nicht des Klassenkampfes. Wo aber Rechte verletzt werden, muß gerade aus Liebe um diese Rechte gekämpft werden.

Politik als Form der Liebe

Wer an Politik denkt, der denkt meist an Macht, Einfluß, Prestige, an Vertretung von Interessen zugunsten einer Gruppe, aber kaum an Liebe ... Trotzdem müßte politisches Handeln eine Form der Liebe sein, ein Handeln zugunsten aller Menschen, die im Staat wohnen. Auf die Frage: Was ist das Wichtigste für einen Politiker? soll Otto Bauer geantwortet haben: „Er muß die Leute gern haben“. Diese Antwort gilt auch für alle Christen, die politisch handeln. Wer die Leute gern hat, wird auch alles daransetzen, die Zustände und Strukturen so zu verändern, daß sie für die Menschen förderlich sind.

Nächstenliebe im allgemeinen

Sie ist universal und schließt niemanden aus. Sie bezieht sich vor allem auf jene, die die Liebe besonders brauchen. „Was ihr für einen meiner geringsten Brüder getan habt, das habt ihr mir getan." (Mt 25, 40) Nächstenliebe ist aber auch die Liebe, die ich von den Nächsten erfahre; oft auch von Unbekannten, von denen ich keine Liebe erwarte.
Liebe ist meist ein gegenseitiges Geben und Nehmen. Wer gibt, der empfängt und wer empfängt, der gibt. Auch die sehr nüchterne Nächstenliebe ist nicht nur eine harte Pflicht, sondern auch ein Geschenk. Wer den Nächsten selbstlos liebt, wird auch selbst beschenkt.

Feindesliebe

Die anforderndste Form der Liebe ist die Feindesliebe. Sie ist nicht so außergewöhnlich, wie es auf das erste scheint. Sie kann in allen menschlichen Beziehungen aktuell werden. Sie ist so typisch christlich, daß wir ihre Eigenart am besten mit den Worten Jesu wiedergeben:

> „Ihr habt gehört, daß gesagt worden ist: Du sollst deinen Nächsten lieben und deinen Feind hassen. Ich aber sage euch: Liebt eure Feinde und betet für die, die euch verfolgen, damit ihr Söhne eures Vaters im Himmel werdet; denn er läßt seine Sonne aufgehen über Böse und Gute, und er läßt regnen über Gerechte und Ungerechte. Wenn ihr nämlich nur die liebt, die euch lieben, welchen Lohn könnt ihr dafür erwarten? Tun das nicht auch die Zöllner? Und wenn ihr nur eure Brüder

grüßt, was tut ihr damit Besonderes? Tun das nicht auch die Heiden?
Ihr sollt also vollkommen sein, wie es euer himmlischer Vater ist.“ (Mt 5, 43—48)

Impulsfragen:

Welche Form der Liebe ist für mich (uns) besonders wichtig?
Welche Formen der Liebe bedürfen heute der besonderen Pflege, welche werden besonders vernachlässigt?
Wie können sich die verschiedenen Formen der Liebe gegenseitig befruchten?

Woran sich christliche Nächstenliebe orientiert

In der Heiligen Schrift werden drei Möglichkeiten der Orientierung genannt:

Gott

Vorbild für unsere Liebe zum Nächsten ist die Liebe Gottes: „Seid barmherzig, wie es auch euer Vater ist.“ (Lk 6, 36) Wir sollen den Nächsten lieben, wie Gott ihn liebt. Die Liebe Gottes wird uns in der Bibel beschrieben. Es ist eine Liebe, die auch zärtlich ist:

> „Ich bin der Herr, dein Gott, der dich bei der Hand faßt, der zu dir spricht: Fürchte dich nicht, ich helfe dir.“ (Jes 41, 13)

Die Liebe Gottes ist universal; sie schließt niemanden aus, auch nicht den Feind. Es ist eine Liebe, die **zuerst** liebt.

„Nicht darin besteht die Liebe, daß wir Gott geliebt haben, sondern daß er uns geliebt und seinen Sohn als Sühne für unsere Sünden gesandt hat. Liebe Brüder, wenn Gott uns so geliebt hat, müssen auch wir einander lieben." (1 Joh 4, 10, 11; vgl. Röm 5, 8)

Jesus

Wie Nächstenliebe sich konkret verwirklicht, können wir am Leben Jesu sehen. Er bezeichnet sich selbst als Beispiel.

„Liebt einander, wie ich euch geliebt habe, so sollt auch ihr einander lieben." (Joh 13, 34)

Höhepunkt dieser Liebe ist die Hingabe seines Lebens am Kreuz. Auch diese Liebe schließt niemanden aus.

Selbstliebe

An zwei Stellen des Neuen Testaments wird die Selbstliebe als Orientierung für die Nächstenliebe genannt:

„Liebe deinen Nächsten wie dich selbst." (Mt 22, 39)

„Alles, was ihr von den anderen erwartet, das tut auch ihnen." (Mt 7, 13)

Wer überlegt, was er von seinem Mitmenschen erwartet, der wird auch erkennen, was der Nächste braucht. — Und wer sich selbst **richtig** liebt, wird auch die Mitmenschen und Gott richtig lieben können.

Impulsfragen:

Die Evangelien erzählen viele „Liebesgeschichten" (Geschichten, in denen sich Jesus liebend verhält). Suchen Sie diese Erzählungen. Was sagen sie uns über die Eigenart christlicher Nächstenliebe.

Was heißt, den Nächsten lieben?

Die Liebe hat viele Eigenschaften. Paulus nennt uns solche in seinen Briefen an die Gemeinde von Rom und Korinth.

> „Eure Liebe sei ohne Heuchelei. Verabscheut das Böse, haltet fest am Guten! Seid einander in brüderlicher Liebe zugetan, übertrefft euch in gegenseitiger Achtung . . . Helft den Heiligen, wenn sie in Not sind; gewährt jederzeit Gastfreundschaft! Segnet eure Verfolger; segnet sie, verflucht sie nicht!
> Freut euch mit den Fröhlichen und weint mit den Weinenden! Seid untereinander eines Sinnes; strebt nicht hoch hinaus, sondern bleibt demütig! Haltet euch nicht selbst für weise! Vergeltet niemand Böses mit Bösem! Seid allen Menschen gegenüber auf Gutes bedacht! Soweit es euch möglich ist, haltet mit allen Menschen Frieden! Rächt euch nicht selbst . . . Vielmehr: Wenn dein Feind Hunger hat, gib ihm zu essen, wenn er Durst hat, gib ihm zu trinken; tust du das, dann sammelst du glühende Kohlen auf sein Haupt. Laß dich nicht vom Bösen besiegen, sondern besiege das Böse durch das Gute." (Röm 12, 9, 10, 13—19a, 20, 21)

„Die Liebe ist langmütig, die Liebe ist gütig. Sie ereifert sich nicht, sie prahlt nicht, sie bläht sich nicht auf. Sie handelt nicht ungehörig, sucht nicht ihren Vorteil, läßt sich nicht zum Zorne reizen, trägt das Böse nicht nach. Sie freut sich nicht über das Unrecht, sondern freut sich an der Wahrheit.

Sie erträgt alles, glaubt alles, hofft alles, hält allem stand. Die Liebe hört niemals auf." (1 Kor 13, 4—8)

Was heißt nun ganz konkret, den Nächsten lieben?

Am Nächsten nicht vorbeileben

Wer den Nächsten lieben möchte, muß ihn zuerst wahrnehmen, ihn als Du entdecken und erkennen, was ihn bewegt und was er braucht. Dies ist nicht leicht, weil der Mensch oft zu sehr mit sich selbst und den eigenen Interessen beschäftigt ist. Andererseits verbirgt der Nächste oft, was ihn eigentlich bewegt.

Um wahrnehmen zu können, was den anderen bewegt, bedarf es einer inneren Freiheit von sich selbst und einer Reihe von anderen Fähigkeiten:

— Auf den anderen hören können.
— Sich einfühlen können in seine Situation.
— Ein Gespür haben für das, was einen Menschen belastet und für das, was ihn fördert.
— Ein Verständnis für die Not des anderen aufbringen, auch wenn er sie selbst verschuldet hat.
— Helfen, daß der andere sich öffnen kann.

Es gibt zwei entscheidende Wege, um die Augen für den Nächsten zu öffnen: 1. Die Erfahrung einer ähnlichen Not im eigenen Leben, 2. Die Liebe zu diesem Menschen. Liebe macht nämlich aufmerksam und hellhörig.

Den Nächsten annehmen, ihn bejahen

Wir dürfen und sollen jeden Menschen bejahen, weil er Ebenbild Gottes und Person ist und als solche eine Würde hat, auch wenn diese Würde mitunter kaum erkennbar ist. Ein Beispiel: Gold bleibt Gold, auch wenn es beschmutzt und verunstaltet ist. So bleibt auch der Mensch Mensch, selbst wenn er schuldig wurde, behindert oder krank ist.

Was heißt, jemanden annehmen?

— Den Nächsten annehmen, so wie er ist; sein Anderssein anerkennen.
— Ihn annehmen mit seinen guten und bösen Eigenschaften; die guten anerkennen, ihn wegen der bösen nicht verachten oder ablehnen, ihm dabei helfen, wenn er selbst gegen sie ankämpft.
— Den Nächsten achten; ihn nicht vereinnahmen; seine Privatsphäre respektieren; ihm in Ehrfurcht begegnen.
— Ihn nicht richten und verurteilen.
— Bereit sein, die Last des anderen mitzutragen.

Dieser Annahme widerspricht: Sich den Gefühlen von Sympathie und Antipathie überlassen; im anderen nur das Schlechte sehen; ihn von vornherein abschreiben; ihn ablehnen; ihn im Stich lassen.

Dem Nächsten nichts Böses zufügen

„Wer den anderen liebt, hat das Gesetz erfüllt. Denn die Gebote: Du sollst nicht ehebrechen, du sollst nicht töten, du sollst nicht stehlen, du sollst nicht begehren, und alle anderen Gebote sind in dem einen Satz zusammengefaßt: Du sollst den Nächsten lieben wie dich selbst. Die Liebe tut dem Nächsten nichts Böses. Also ist die Liebe die Erfüllung des Gesetzes." (Röm 13, 8—10)

Die Forderung, dem Nächsten nichts Böses zuzufügen, ist universal. Man kann nicht jedem Menschen helfen, aber es ist möglich, niemandem etwas Böses zuzufügen. Nichts Böses zufügen ist nicht die unterste Stufe der Liebe. Es gibt Spannungsverhältnisse, wo allein dem anderen nichts Böses zuzufügen eine hohe Leistung der Nächstenliebe sein kann. Die Grenzgebote mit ihrem Du-sollst-nicht markieren die Linien des Bösen.

Beispiele:

— Das Böse nicht mit Bösem vergelten.
— Alle Formen der Ausbeutung (materiell, psychisch, sexuell . . .) meiden.
— Nicht töten, nicht mißhandeln, nicht verwunden, Menschen nicht körperlich und seelisch krankmachen.
— Nicht die Ehe zerbrechen; weder die eigene noch eine fremde.
  Sexueller Ehebruch ist nur eine Form des Zerbrechens einer Ehe.
— Nicht stehlen; den Menschen nicht den nötigen Lebensraum und die nötigen Lebens-mittel wegnehmen.
— Kein falsches Zeugnis geben gegen den Nächsten, nicht lügen, nicht die Basis des Vertrauens zerstören.

— Nicht Menschen als „Mittel“ für das eigene Wohlergehen mißbrauchen und ausbeuten.
— Nicht das Leben in der Familie zerstören.
— Nicht die Atmosphäre in Gemeinschaften vergiften; durch Zwischenträgerei, Verleumdung . . .
— Nicht zwingen, verführen, verleiten, manipulieren, erpressen.
— Dem Nächsten nicht böse **sein,** nicht bös über ihn **denken,** nichts Böses über ihn **sprechen,** ihm nichts Böses **tun.**

Das Leben des Nächsten fördern; wirksam helfen

Liebe ist eine schöpferische Kraft, sie zerstört nicht, sie baut auf. Lieben heißt Leben fördern; es zur Entfaltung bringen. Mithelfen, daß der Mensch so Mensch werden kann, wie Gott ihn gedacht hat. Möglichkeiten hiefür gibt es unzählige:
— Helfen, wo der Nächste körperlich oder seelisch leidet, also die leiblichen und geistlichen Werke der Barmherzigkeit üben.
— Anteil nehmen, weinen mit den Weinenden und sich freuen mit den Sich-Freuenden.
— Die Entfaltung der besonderen Anlagen und Fähigkeiten fördern.
— Die Eigenständigkeit und das Selbstvertrauen stärken.
— Sich an den Erfolgen des Nächsten freuen.

Diesen Formen von Nächstenliebe widerspricht:
— Gleichgültig den Mitmenschen seinem Schicksal überlassen.
— Das Gute nicht tun.
— Sich weigern, Verantwortung für den Nächsten auf

sich zu nehmen. — Der erste, der sich geweigert hat, war Kain: „Bin ich denn der Hüter meines Bruders?“ (Gen 4, 9)

— Das Leben des Nächsten erschweren, einengen, vermindern oder zugrunde richten.
— Rücksichtslos auf den eigenen Vorteil bedacht sein.

Ungerechte und unzulängliche Strukturen verändern, zulängliche Strukturen mit Liebe erfüllen

Die Not des Nächsten ist oft bedingt durch ungerechte oder unzulängliche Strukturen und kann durch eine augenblickliche persönliche Hilfe nicht wirksam verändert werden.
Eine wirksame Hilfe erfordert dann eine grundsätzliche Veränderung der Situation, in der sich der Betreffende befindet (z. B. der Wohnverhältnisse, der Arbeitsverhältnisse in einem Betrieb). Von diesen ungerechten oder unzulänglichen Strukturen können ganze Gruppen von Menschen oder bestimmte Gebiete eines Landes betroffen sein.
In solchen Situationen erfordert die Nächstenliebe die Veränderung dieser Zustände.
Anderseits gibt es soziale Einrichtungen (z. B. Krankenhäuser, Altenheime . . .), um Nöte von Menschen zu beheben. Diese Einrichtungen erreichen erst dann ihr Ziel, wenn sie mit persönlicher Liebe erfüllt werden. Denn der Mensch braucht nicht nur materielle Hilfe, sondern erfahrbare persönliche Zuwendung.

Es dem Nächsten leichter machen, Liebe anzunehmen

„Geben ist seliger als Nehmen.“ Es gibt Menschen, denen es schwerfällt, etwas anzunehmen oder jemanden in irgendeiner Weise zu beanspruchen. Die Ursachen sind vielfältig. Wie kann man es dem Nächsten leichter machen, Nächstenliebe anzunehmen?

- Unauffällig und selbstverständlich helfen.
- Dank und Gegenliebe annehmen — Keiner ist so arm, daß er nichts zurückschenken könnte, und keiner ist so reich, daß er nicht auf die Liebe anderer angewiesen wäre.
- Auf die Gefühle des anderen Rücksicht nehmen (Scham, Angst, Mißtrauen ...)

Diesem Verhalten widerspricht: Den Mitmenschen durch die Hilfe demütigen, ihm die gute Tat bei bestimmter Gelegenheit vorrechnen.

Impulsfragen:

- Im obigen Text wird eine Fülle von Einzelheiten genannt. Lesen Sie diesen Text Abschnitt für Abschnitt und halten Sie jene Sätze fest, die Sie für besonders wichtig halten. Suchen Sie auch nach konkreten Beispielen aus Ihrem Leben. In der Gruppe können Sie die Ergebnisse vergleichen und ein Gespräch führen.
- Überlegen Sie aber auch, was in diesen Texten fehlt. Es fehlt sehr viel. Vieles ist auch schwer in Worte zu fassen.

4 Liebe dich selbst

Wie gestaltet sich der Christ die Beziehung zu sich selbst?

Für Christen ist Jesus maßgebend. Sie wollen Menschen sein, wie Jesus Mensch war. Hat er sich selbst geliebt? — Er wußte sich vom Vater geliebt und wollte das sein, was ihm in dieser Liebe zugedacht war; damit hat er auch sich selbst geliebt. — Er spricht aber nie direkt von Selbstliebe. Sie ist als selbstverständlich vorausgesetzt, z. B. im Gebot der Nächstenliebe: „Du sollst deinen Nächsten lieben wie dich selbst“ (Mt 22, 39) oder in der goldenen Regel: „Alles, was ihr von anderen erwartet, das tut auch ihr ihnen“ (Mt 7, 12). Der Mensch darf also von den anderen für sich selbst Liebe erwarten.

Sich über die Selbstliebe Gedanken zu machen, ist gegenwärtig aus mehreren Gründen aktuell:

1. Weil es immer mehr Menschen gibt, die sich selbst ablehnen, die sich nicht lieben können.
2. Weil Selbstliebe oft als Egoismus mißverstanden wird.
3. Weil gesellschaftliche Zustände und Zwänge es dem Menschen erschweren oder unmöglich machen, er selbst zu sein oder zu werden.
4. Weil heute viele Menschen aus verschiedenen Gründen stärker veranlaßt werden, sich die Frage zu stellen, wozu sie überhaupt da sind.

Christliche Selbstliebe ist wesentlich begründet in der Liebe Gottes zu den Menschen. Ich darf und soll mich lieben, weil auch Gott mich liebt, weil er mich beim Namen gerufen hat, weil jeder Mensch eine einmalige und nicht austauschbare Person ist. Jeder soll „Ebenbild Gottes“ sein und werden, er darf und soll Sorge tragen, daß er das auch wird.

Gott will für jeden das Leben in Fülle, er will das Verlorene suchen, das Kranke heilen, das Verirrte heimführen. Auch ich soll besorgt sein, daß dieser Heilswille Gottes sich an mir erfüllt.

Selbstliebe läßt sich auch begründen von der Verantwortung her, die jeder für sich selbst trägt. Jeder ist dafür verantwortlich, daß er zu dem wird, was er werden soll, daß er das Ziel seines Lebens nicht verfehlt. Dieser Verantwortung kann der Mensch nur gerecht werden, wenn er sich auch selbst liebt, wenn er ein liebevolles Interesse an sich selbst hat.

Sich selbst erkennen

Wer sich selbst liebt — wer ein liebevolles Interesse an sich selbst hat —, der wird sich mühen, sich selbst zu erkennen. Denn ohne die Erkenntnis seiner selbst kann er nicht das Richtige für sich tun. Selbsterkenntnis ist eine schwierige Aufgabe. Nicht zufällig sieht Sokrates im Erkenne-dich-Selbst die wichtigste Aufgabe der Philosophie. — Es ist auch nicht leicht, all das anzuerkennen, was man in sich selbst entdeckt. Deswegen haben viele Menschen Angst vor der Selbsterkenntnis. Diese Angst zu überwinden kann der Glaube helfen. Ich kann in mir nur das entdecken, was Gott schon längst von mir weiß.

„Herr, Du hast mich erforscht und kennst mich.
Ob ich sitze oder stehe, Du weißt von mir.
Von fern erkennst Du meine Gedanken.

Ob ich gehe oder ruhe, es ist Dir bekannt;
Du bist vertraut mit all meinen Wegen.
Noch liegt mir das Wort nicht auf der Zunge —
Du, Herr, kennst es bereits.
Du umschließt mich von allen Seiten und legst Deine Hand auf mich.
Zu wunderbar ist für mich dieses Wissen,
zu hoch, ich kann es nicht begreifen.“ (Ps 139, [138], 1—5)

„Jesus brauchte von keinem ein Zeugnis über den Menschen; denn er wußte, was im Menschen ist.“ (Joh 3, 25)

Dieses Wissen, daß Gott um mich weiß, kann den Blick freimachen für mich selbst.

Ziele der Selbsterkenntnis

Die Grundfrage lautet: Wer bin ich? Was ist im Laufe des bisherigen Lebens aus mir geworden? Was könnte und sollte aus mir werden? Was will Gott mit mir?
Einzelziele sind unter anderen:
— Entdecken der eigenen Anlagen und Fähigkeiten: welche habe ich, wie nütze ich sie? Was liegt brach?
— Entdecken der eigenen Grenzen: wo habe ich solche Grenzen (mindere Begabung, schlechte Gesundheit, Veranlagungen, die das Leben erschweren . . .)? Wie gehe ich mit diesen Grenzen um?
— Ereignisse, die mein Leben bis jetzt geprägt haben (Erziehung, Umwelt, Erfolge, Versagen). Welche Ereignisse erleichtern mein Leben? Welche erschweren es?
— Begegnungen wahrnehmen, sie aufarbeiten.

— Die Beweggründe des Handelns überprüfen.
— Wo liegen meine Chancen, wo meine Fehler?
  Wo bin ich schuldig geworden, wo zeigen sich Auswege?

Selbsterkenntnis ist nie vollkommen, „denn Stückwerk ist unser Erkennen“ (1 Kor 13, 9), trotzdem ist sie wichtig, um sich selbst dem eigenen Wesen gemäß lieben zu können.

Hindernisse für die Selbsterkenntnis

— Oberflächlich in den Tag hineinleben.
— Die Angst vor den eigenen Möglichkeiten; vor sich selbst fliehen.
— Ständiges Kreisen um sich selbst, wodurch der Mensch die Distanz zu sich selbst verliert.
— Die Selbstgerechtigkeit und Einbildung, die den Blick für die eigenen Schwächen verdunkeln.
— Minderwertigkeitsgefühle, die das Gute nicht entdecken lassen.

Eine große **Hilfe zur Selbsterkenntnis** ist die Demut: Der Mut zum Dienen, aber auch der Mut zur eigenen Wirklichkeit, der Mut zur gesunden Selbsteinschätzung, ohne sich zu überschätzen oder unterschätzen; wie auch die Frage: wie kann ich gut sein?

Impulsfragen:

Ist Selbsterkenntnis ein Luxus, den sich nur wenige leisten können oder braucht sie jeder?
Was sind nach Ihrer Erfahrung die wirksamsten Wege der Selbsterkenntnis, und wo liegen die größten Hindernisse?
Inwiefern können mir Mitmenschen helfen; inwiefern kann ich anderen helfen?

Sich selbst bejahen und annehmen

Lieben heißt, den anderen bejahen, ihn so annehmen, wie er ist. Dies trifft auch für die Selbstliebe zu. Ich soll mich zunächst bejahen und annehmen, wie ich bin. Das ist die beste Voraussetzung, ein anderer zu werden.

Was heißt Bejahen und Annehmen konkret?

— Eine grundlegende Bejahung der eigenen Existenz. Dies bedeutet nicht, daß ich alles, was in mir ist und in meinem Leben geschah, gutheiße. Ich soll aber zu mir selbst stehen, trotz der Mängel, die vorhanden sind. Ich darf es, weil auch Gott zu mir steht.
— Ein dankbares Annehmen aller guten Eigenschaften und Fähigkeiten und all dessen, was mich in meinem Leben weitergeführt hat. Sich darüber freuen.
— Ein mutiges Annehmen der eigenen Grenzen und all dessen, was mein Leben behindert und erschwert. Nicht jeder Mensch hat die gleichen Startbedingungen. Solche Grenzen können sein: mangelhafte Begabung, Kommunikationsschwäche, mangelhafte Gesundheit, körperliche Behinderung, psychische Störungen, Erziehungsfehler, die schwer gutzumachen sind; seelische Verwundungen, die kaum zu heilen sind; eigenes Versagen, Sünde, deren Folgen weiterbestehen; und vieles andere.

Der Mensch muß zur Kenntnis nehmen, daß es solche Tatsachen und Ereignisse gibt, daß ihm dadurch bestimmte Grenzen gesetzt sind, die andere nicht haben.

Warum diese Annahme so wichtig ist

— Wer die konkreten Verhältnisse seines Lebens nicht zur Kenntnis nimmt, geht Illusionen nach und verfolgt Ziele, die für ihn nicht erreichbar sind. Dadurch entstehen neue Enttäuschungen.
— Er erkennt auch nicht die Wege, um das trotz dieser vorhandenen Grenzen Mögliche zu erreichen. Viele Lebenspläne und Vorsätze sind vergeblich, weil sie zu wenig auf die vorhandene Wirklichkeit Rücksicht nehmen.
— Wer sich nicht mit den Gegebenheiten seines Lebens aussöhnt, kann eine fundamentale Unzufriedenheit und Traurigkeit nicht überwinden. Er wird entmutigt und wird auch das nicht erreichen, was er erreichen könnte.

Dieses Annehmen seiner selbst ist keine Kapitulation, sondern ein mutiges Zur-Kenntnis-Nehmen der eigenen Lebenswirklichkeit, um dann (noch) das Beste daraus zu machen.

Hilfen, sich selbst anzunehmen

Eine bedeutende Hilfe zur Annahme meiner Selbst ist die Erfahrung, daß mich Mitmenschen annehmen und bejahen; daß sie mir Vertrauen schenken; wer Vertrauen erhält, wächst im Selbst-Vertrauen.
Sehr wichtig ist die Vergebung; daß ich Gott „vergebe“, daß er mich so „geschaffen“ hat, daß er mich in diese Situation geraten ließ; daß ich Mitmenschen vergebe, die Ursache dieser Situation sind. Auch der Glaube, daß Gott mir vergibt, wo ich schuldig geworden bin und mich so annimmt, wie ich bin, kann helfen, mich selbst anzunehmen.

Impulsfragen:

Lesen Sie den vorangegangenen Text, und merken Sie jene Stellen an, die Ihrer Erfahrung mit sich selbst oder mit anderen entsprechen oder widersprechen. In der Gruppe können Sie sich gegenseitig diese Erfahrungen mitteilen und darüber ein Gespräch führen.
Wo bleiben Fragen offen?

Das eigene Leben fördern und entfalten

Lieben heißt, das Leben fördern und zur Entfaltung bringen. Darf und soll der Mensch auch in dieser Weise sich selbst lieben? Darf und soll er auch für sich Zeit, Kraft und Geld verwenden oder soll er alles anderen schenken? Darf er auch erwarten, daß andere sein Leben fördern und zur Entfaltung bringen?

Das ganze menschliche Leben besteht im Empfangen und Geben. Auch die Gottes- und Nächstenliebe besteht nicht nur im Geben, sondern auch im Empfangen. Das Empfangen wird meist umso größer, je selbstloser das Geben ist.

Darum ist Gottes- und Nächstenliebe nicht ein Hindernis zur Selbstentfaltung, sondern ein Weg, und zwar der wichtigste Weg, selbst immer mehr Mensch zu werden. Der Mensch wird nur Mensch, wenn er auch fähig wird zur Hingabe seiner selbst an ein Du und an eine Aufgabe.

Wer sich selbst entfalten möchte, muß ganz wesentlich seine Liebesfähigkeit fördern. Gottes- und Nächstenliebe verlangen zwar auch Verzichte, aber diese Verzichte sind nicht Hindernisse zur Selbstentfaltung.

„Wer sein Leben zu bewahren sucht, wird es verlieren; wer es dagegen verliert, wird es gewinnen." (Lk 17, 33)

Was heißt, das eigene Leben fördern und entfalten?

— Alles tun, was in meinen Möglichkeiten liegt, damit ich so Mensch werde, wie Gott mich gedacht und gewollt hat.
— Die Fähigkeiten und Talente, die in mir liegen, zur Entfaltung bringen. Dazu gehört wesentlich die oben genannte Fähigkeit, zu lieben. Aber auch die Entfaltung der besonderen Begabungen, die der einzelne hat.
— Den Charakter pflegen; versuchen, ein guter Mensch zu werden; so leben, daß andere vor mir Achtung haben können.
— Körperbewußt leben, Sport betreiben; sich an körperlicher Schönheit und Kraft erfreuen.
— Besorgt sein um die körperliche und seelische Gesundheit. Sich die nötige Zeit zur Ruhe und Erholung gönnen (3. Gebot — Sonntagsruhe). Selbst mitwirken, daß seelische Verletzungen geheilt werden.
— Im Beruf den gestellten Aufgaben gerecht werden; nur dann kann der Beruf auch Erfüllung bringen.
— Je nach Möglichkeit auch im öffentlichen Leben wirksam werden und sich nicht völlig in das Privatleben zurückziehen.
— Besorgt sein um das Wohlergehen, daß es auch das Schöne, Frohe, Angenehme im Leben gibt.
— Alles tun, soweit es in meiner Macht liegt, daß das Leben gelingt (glückt); daß ich dabei vor mir selbst, vor den Mitmenschen und vor Gott bestehen kann.

In allem ist aber zu bedenken, daß all diese Dinge nicht gleich wertvoll sind. Es gibt eine Rangordnung des Wichtigen, die zu beachten ist.

> „Schafft euch einen Schatz, der nicht abnimmt, droben im Himmel, wo kein Dieb ihn findet und keine Motte ihn frißt. Denn wo euer Schatz ist, dort ist auch euer Herz." (Lk 12, 33 f.)
>
> „Was nützt es einem Menschen, wenn er die ganze Welt gewinnt, dabei aber sein Leben einbüßt?" (Mt 16, 26)

Die Rangordnung der Werte besagt nicht, daß bestimmte Werte, z. B. das Wohlergehen, nichts wert sind, sondern daß es auch höhere Werte gibt, die im Konfliktfall, wo ich zwischen den Werten wählen muß, weil ich beide nicht zugleich erreichen kann, den Vorrang haben. (Ehrlichkeit ist z. B. wichtiger als ein gutes Geschäft, das ich nur mit Unehrlichkeit machen kann.)

Was der Selbstliebe widerspricht

— Sich selbst — Leib und Seele — verkümmern lassen, seine Talente und Fähigkeiten nicht entfalten, sich vernachlässigen, verwahrlosen.
— Sich selbst ablehnen, hassen, an sich selbst verzweifeln; sich selbst das Leben nehmen.
— In sich selbst so „verliebt" und versponnen sein, daß ich die Umwelt und Mitwelt nur wahrnehme, insofern sie für mich Bedeutung hat.
— Ängstlich um sich selbst besorgt sein; immer Angst haben, im Leben zu kurz zu kommen, es zu versäumen.

— Selbstsucht (Egoismus). Nur das eigene Wohlbefinden im Auge haben; die Mitmenschen und selbst Gott nur als Mittel für das eigene Glück betrachten; immer nehmen und nie geben.
— Die verschiedenen Formen der Sünde. Sünde hat immer auch den Charakter der Selbstzerstörung.

Selbstliebe sollte gegen all das ankämpfen, was das Selbst zerstört und seine ihm gemäße Entfaltung behindert.

Impulsfragen:

Welche Fehlhaltungen gegen die Selbstliebe sind in Ihrem Lebenskreis am häufigsten? (Vgl. was der Selbstliebe widerspricht.)
Wo liegt der Unterschied zwischen Selbstliebe und Egoismus?
Welche Bedeutung hat der Verzicht für die Selbstwerdung?
Wann soll ich verzichten? (Vgl. Rangordnung der Werte usw.)

Zur Freiheit befreien

Die Freiheit, zu der uns Christus befreit hat, ist die Fähigkeit, dasjenige, was der Mensch als gut und richtig erkannt hat, auch zu tun. Diese Freiheit zum Guten ist wichtig als Voraussetzung für die Selbstverwirklichung. Sie ist aber trotz der Erlösung bedroht und muß immer neu geschenkt und errungen werden.

> „Zur Freiheit hat euch Christus befreit." (Gal 5, 1 a)

Faktoren, die die Freiheit bedrohen oder vermindern

— Die Schwierigkeit, die Triebe (Selbsterhaltungstrieb, Geschlechtstrieb, Geltungstrieb . . .), die Leidenschaften und Begierden durch Vernunft und Freiheit zu ordnen. — Habgier, Lebensgier.
— Die psychische Abhängigkeit (Hörigkeit) von einzelnen Menschen oder die Abhängigkeit vom Milieu: man tut, was „man" tut.
— Die „Zwänge" der gesellschaftlichen Verhältnisse (z. B. Konsumzwang), die ungerechten Strukturen, durch die einzelne benachteiligt werden.
— Der Entzug und die Verminderung von Freiheit durch die Mitmenschen (verschiedene Formen der Unterdrückung).
— Psychische Störungen und Krankheiten.
— Der Genuß von Suchtgiften, wie Alkohol und Drogen.
— Die Faszination des Bösen.

Aufgaben, die sich ergeben

Die Freiheit zum Guten ist bedroht von innen und außen. Entsprechend sind auch die Aufgaben und Möglichkeiten ihrer Bewährung.
— Frei werden kann der Mensch dann, wenn in ihm die Kraft wächst, die Triebe, Leidenschaften und Begierden ordnen zu können. Es geht nicht darum, diese zu unterdrücken, sondern darum, sie in den Dienst des Guten zu stellen, wozu sie bestimmt sind.
— Außerdem muß die Fähigkeit wachsen, dem Druck, der von außen kommt (vom Milieu, den Zwängen der Gesellschaft oder von Menschen, die

Macht haben) standhalten zu können. Daß dies auch unter schwierigsten Bedingungen möglich ist, zeigen die Dissidenten in totalitären Staaten.

— Es ist auch notwendig, gegen die Zwänge der gesellschaftlichen Verhältnisse anzukämpfen, um die Gefährdungen der Freiheit durch den Druck von außen zu vermindern. Dieses Streben nach Emanzipation ist nötig, weil sonst viele Menschen nicht imstande sind, diesem Druck zu widerstehen und auch die innere Freiheit verlieren.
— Bei psychischen Störungen und Krankheiten ist eine sachgerechte Hilfe nötig, um den Raum der Freiheit neu zu gewinnen oder zu erweitern.
— Der Mensch muß auch lernen, mit den je vorhandenen Mängeln an innerer und äußerer Freiheit, mit Zuständen, die er vorfindet und augenblicklich nicht ändern kann, zu leben. Wer aber jenes Maß von Freiheit, das er besitzt, voll ausnutzt, dem wird immer mehr möglich. Wer z. B. kontaktschwach ist, soll sich nicht zurückziehen, sondern seine wenn auch schwache Kontaktfähigkeit nutzen.
— Die Faszination des Guten, Wahren und Schönen.
— Für den rechten Gebrauch der Freiheit sind eine klare Urteilskraft, ein gebildetes Gewissen, starke Motive und der Wille von großer Bedeutung.

Aus diesen Andeutungen wird sichtbar, welch große Bedeutung die Freiheit für die Selbstverwirklichung hat. Freiheit ist nicht zufällig eines der wichtigsten Anliegen unserer Zeit.

Impulsfragen:

Im vorliegenden Text werden viele Hindernisse und Hilfen der Freiheit genannt. Versuchen Sie diese all-

gemeinen Aussagen aus Ihrer Erfahrung zu konkretisieren.
Ist Freiheit für Sie ein großer Wert, und was verstehen Sie darunter? Inwiefern kann christlicher Glaube befreiend wirken? Wo haben Sie dies selbst erfahren oder bei einem Mitchristen erlebt?

Sich in Freiheit binden

Wichtig für die Selbstverwirklichung ist die Fähigkeit und Bereitschaft, Bindungen anzuerkennen und sich in Freiheit zu binden.

Es gibt Bindungen, die vorgegeben sind. Bindungen, die sich daraus ergeben, daß der Mensch ein Mensch ist mit Leib und Seele, mit verschiedenen Gesetzmäßigkeiten, die ohne schädliche Konsequenzen nicht übertreten werden können. Dazu gehört die Bindung an eine Wertordnung, die Bindung an Menschen, die niemand aussuchen kann und mit denen er zusammenleben muß. Diese Bindungen soll der Mensch anzunehmen lernen.

Sie sind eine Herausforderung, sich in der Bewältigung der sich daraus ergebenden Aufgaben zu bewähren und zu entfalten.

Aber nicht alles ist vorgegeben. In vielen Bereichen kann und muß der Mensch wählen und sich in Freiheit binden. Solche Bereiche sind: Berufswahl, Partnerwahl, Wahl des Freundeskreises, Wahl, welche Begabung besonders entfaltet werden soll, welchen Aufgaben man sich widmet usw. Oft ist es ausgeschlossen, mehrere Möglichkeiten zu wählen. Es gibt Situationen, die zur Entscheidung zwingen. Die Wahl des einen schließt die Wahl des anderen aus. Man muß sich für das eine entscheiden und sich selbst an diese Entscheidung binden. Wer sich nicht bindet oder nach den ersten Schwierigkeiten diese Bindung zurücknimmt, kann das Ziel nicht erreichen. Die Bindung — die Treue zu der getroffenen Entscheidung und die Treue zu den damit betroffenen Mitmenschen oder übernommenen Aufgaben — fordert heraus und mobilisiert erst die Kräfte, die nötig sind, um das Ziel der getroffenen Wahl zu erreichen. Und in dieser Treue zur Bindung kann der Mensch sich auch selbst verwirklichen.

Es ist also wichtig, die Angst vor Bindungen und die Bindungsscheu zu überwinden. Sonst zerbröselt das Leben; es wird sinn- und inhaltslos.

Impulsfragen:

Im Text werden verschiedene Formen von „Bindungen" genannt. Es gibt auch noch andere Bindungen.
Welche Formen von Bindungen nehmen viele Menschen heute selbstverständlich hin, vor welchen Bindungen haben viele (oder manche) besonders Angst?
Woher kommt diese Angst? Wo ist sie berechtigt, wo ist sie nicht berechtigt? Wie kann sie überwunden werden?

Mut zur Umkehr

Im Leben eines jeden Menschen gibt es Fehlentscheidungen. Es gibt Fehlentscheidungen aus Mangel an Einsicht und Freiheit. Es gibt aber auch falsche Entscheidungen durch Mißbrauch der Freiheit, d. h., der

Mensch trifft bewußt und frei eine Entscheidung, die seinem Gewissen widerspricht und auch dem widerspricht, was er tun sollte (z. B. ein bewußter Betrug, eine bewußte Verletzung der Liebe).

Fehlentscheidungen beider Art haben negative Folgen (auch an unbewußten und unbeabsichtigten Erziehungsfehlern können Kinder ein Leben lang leiden). Trotzdem gibt es zwischen diesen beiden Arten der Fehlentscheidung einen großen Unterschied. Im ersten Fall braucht sich der Mensch nicht durch Schuldgefühle belasten. Er ist nicht schuldig, auch wenn er alles tun soll, um die negativen Folgen seines Fehlverhaltens so gut als möglich gutzumachen.

Im zweiten Fall ist der Mensch schuldig. Er soll sich in diesem Fall nicht ent-schuldigen oder die Schuld auf andere abschieben, sondern die Schuld als „seine" Schuld anerkennen.

Dieses Eingestehen der Schuld kann schon befreiend wirken. Wer die Schuld eingesteht und umkehrt, darf auch auf Vergebung hoffen.

Die christliche Lehre von Sünde, Vergebung und Umkehr ist eine Frohe Botschaft. Auch jener, der schuldig geworden ist, hat eine neue Chance, sich selbst zu verwirklichen. So gesehen ist die Umkehr auch eine Aufgabe der Selbstliebe.

Impulsfragen:

Lesen Sie in diesem Zusammenhang das Gleichnis vom barmherzigen Vater bzw. vom verlorenen Sohn (Lk 15, 11—32).
Welche Erkenntnisse kann ich daraus für das eigene Leben gewinnen? Welche Bedeutung hat das Sakrament der Buße im Leben des Christen?

Abschließend die Frage:

Wie lebt ein Christ? Viele Antworten wurden auf diese Frage gegeben. Eine weise, von christlicher Lebenserfahrung geprägte Antwort finden wir im folgenden alten irischen Weihnachtswunsch:

> Nicht, daß von jedem Leid verschont du mögest bleiben:
> noch daß dein künft'ger Weg stets Rosen für dich trage
> und keine bittre Träne über deine Wange komme
> und niemals du den Schmerz erfahren sollst:
> dies alles, nein, das wünsche ich dir nicht.
> Denn: kann das Herz in Tränen nicht geläutert,
> kann's nicht im Leid geadelt werden —
> wenn nämlich Schmerz und Not dich aufnimmt
> in die Gemeinschaft mit Maria und dem Kind,
> so daß ihr Lächeln Zuversicht und Trost gewährt?
> Mein Wunsch für dich ist vielmehr dieser:
> Mögst dankbar du und allezeit bewahren nur in deinem Herzen
> die kostbare Erinnerung der guten Ding' in deinem Leben:
> Daß mutig stehest du in deiner Prüfung, wenn hart
> das Kreuz auf deinen Schultern liegt, und wenn
> der Gipfel, den es zu ersteigen gilt, schier unerreichbar scheint,
> ja selbst das Licht der HOFFNUNG zu entschwinden droht;
> daß jede Gottesgabe in dir wachse und mit den Jahren

sie dir helfe, die Herzen jener froh zu machen, die du liebst;
daß immer einen wahren Freund du hast, der Freundschaft wert,
der dir Vertrauen gibt, wenn's dir an Licht gebricht und Kraft,
daß du dank ihm den Stürmen standhältst und so die Höhen doch erreichst,
und daß in Freud' und Leid
das Lächeln voller Huld des menschgewordnen Gottessohnes
mit dir sei und du allzeit so innig IHM verbunden,
wie er's für dich ersehnt.

Dritter Teil

Wie engagiert sich ein Christ?

Gerhard Lang

Vorbemerkung

„Engagement“ ist möglicherweise ein Modewort geworden. Wenn man sich die Mühe macht und nachforscht, woher es stammt und was es eigentlich bedeutet, wird man hellhörig: Das französische „engager“ bedeutet, daß jemand „in Gage genommen“ wird, daß jemand eine Verpflichtung, einen Auftrag erhält. Freilich nicht ohne Gegenleistung, nicht ohne die „Gage“.

„Sich engagieren“ kann also nur heißen, daß jemand einen Auftrag übernimmt, daß er sich engagieren läßt, daß er engagiert wird.

Das Wort „Engagement“ wird man vergeblich in der Bibel suchen. Der Sache nach steht es aber immer wieder drin. Die junge Kirche jedenfalls sprach vom „Apostolat“: von der Sendung, vom Auftrag. Jesus, der Lebende, der Auferweckte ist es, der beauftragt. (Die Gage ist ohnehin schon im vorhinein verteilt worden: die Heilszuwendung Gottes in Jesus — ein für allemal.)

Christen waren also von allem Anfang an Engagierte: sie ließen sich beauftragen, diese frohe Botschaft von der nahen Herrschaft Gottes in Tat und Wort weiterwirken zu lassen.

Und wenn heute das Wort „Engagement“ geeignet ist, den Menschen klarzumachen, warum sich einer einsetzt und Mühen auf sich nimmt, dann sollte es ruhig gebraucht werden. Allerdings ist nicht jedes Engagement für eine gute Sache sofort auch christliches Engagement, ist nicht jedes Sendungsbewußtsein sofort auch Apostolat.

Und darum soll es im folgenden gehen: es wird der Versuch unternommen, die wichtigsten Bauelemente christlichen Engagements, die Grundlagen des Apostolats zu skizzieren.

Wir haben einige Christen über ihr Engagement befragt. Vier dieser Zeugnisse wurden stellvertretend ausgewählt, um im vollen Wortlaut wiedergegeben zu werden (Seiten 150 bis 156). Im folgenden stellen wir den einzelnen Abschnitten jeweils einige Zitate voran, die andeuten sollen, wie christliches Engagement konkret aussehen kann. Es geht also nicht um eine einengende „Dienstanweisung“ für engagierte Christen, sondern um eine Richtschnur. Ja, es geht auch um einen Deutungsrahmen, sodaß der eine oder andere sein eigenes Engagement besser in den Zusammenhängen erkennen und einordnen kann. Und es geht schließlich um Ermutigung der Leser: weiterhin ihre schöpferischen Kräfte im Engagement einzusetzen.

Folgende Thesen werden im folgenden entfaltet:

1. Der engagierte Christ ist ein Jünger Jesu.
2. Der engagierte Christ glaubt an die Utopien des Evangeliums.
3. Der engagierte Christ ist in der Jüngergemeinde Jesu beheimatet.

4. Der engagierte Christ bezeugt in seinem Leben, woran er glaubt.
5. Der engagierte Christ geht auf den anderen zu.
6. Der engagierte Christ ist bereit, sich zu informieren und zu bilden.
7. Der engagierte Christ überdenkt sein Engagement.
8. Der engagierte Christ läßt sich helfen.

1 Der engagierte Christ ist ein Jünger Jesu

„Warum ich mich engagiere? ‚Wer nicht für mich ist, der ist gegen mich . . . Wer mein Jünger sein will, der folge mir nach.‘ Gerade dort, wo er im Leben steht. Cardijn sagte: ‚Nur, wenn ihr den Glauben habt, werdet ihr die Welt verändern.‘“
(A. F., 53 Jahre, Bergarbeiter)

Jünger Jesu zu sein kann vielerlei bedeuten (übrigens gleich zur Klarstellung: zum Jüngerkreis Jesu haben von allem Anfang an auch Frauen gehört, wie das Evangelium ganz unmißverständlich bezeugt. Nachfolge Jesu war nie nur „Männersache“!). Ein Jünger Jesu zu sein, heißt zu allererst: zu ihm zu gehören, einer der Seinen zu sein, sich ihm verbunden zu wissen. Es heißt vor allem auch, seiner lebendigen Gegenwart gewiß zu sein.

Der Jünger Jesu orientiert sich an Jesus. Er kopiert ihn nicht, er macht ihn nicht nach; er tut das Seine, jedoch mit Jesus.

Der engagierte Christ interessiert sich für Jesus, er setzt sich mit ihm auseinander. Er versucht, ihn zu verstehen. Er weiß, daß der Jünger ein lebensfroher Mensch ist, der auch mit Widerwärtigkeiten umzugehen weiß. Der engagierte Christ weiß, daß Nachfolge Jesu kein glorreicher Triumphzug ist, daß man Gegner hat und Mißerfolge. Er weiß, daß Jesus in all den Anfechtungen nicht „das Handtuch geworfen“ hat, sondern den Haß durch engagierte Liebe überwunden hat.

Der Jünger Jesu ist ein freier Mensch. Keine

andere Verpflichtung, kein anderer Auftrag über der Bindung an den einen Herrn Jesus Christus stehen über jener Bindung, die der Jünger aus freien Stücken eingegangen ist. Daher läßt er sich auch nicht vor fremde Karren spannen.

Wenn der engagierte Christ Jesus den Rücken kehrt und nicht mehr sein Jünger sein will — was hätte er dann noch für einen Auftrag?

Impulsfragen:

— Was fasziniert Sie an diesem Jesus?
— In den Evangelien wird von vielen Männern und Frauen berichtet, die mit Jesus waren; was empfinden Sie bei dem Gedanken daran, daß Sie als engagierter Christ auch zu jenen gehören?
— Blättern Sie in Ihrer Bibel und lesen Sie nach!

2 Der engagierte Christ glaubt an die Utopien des Evangeliums

„Die Menschen sind mir nicht egal. Ich sehe Probleme: meine eigenen und die meiner Kollegen. Ich mache die Erfahrung, daß Veränderung möglich ist, und zwar die persönliche und auch die gesellschaftliche Veränderung. Für mich bedeutet das schon „im Reich Gottes sein" — wenigstens zum Teil. Also: Meine positiven Lebenserfahrungen sind Auferstehungserfahrungen."
(Monika H., 21 Jahre, kaufmännische Angestellte)

Ein engagierter Theologe hat es so ausgedrückt: „Gott will kein Leiden von Menschen." Ein schockierender Satz! Er faßt die ganze Utopie des Evangeliums angesichts der unendlich leidvollen Wirklichkeit dieser Welt zusammen.

„Die Menschen sind mir nicht egal", sagt Monika. Wieviel Millionen Möglichkeiten des Engagements tun sich da auf?! Der engagierte Christ kann sich nie auf seinen Lorbeeren ausruhen (die er ohnehin kaum kriegen wird). Er kann es nicht, weil er nie fertig ist.

Aber noch etwas anderes ist wichtig: Diese Utopien faszinieren! Es muß von Gott her nicht sein, daß Menschen unterdrückt werden! Es muß — von Gott her! — nicht sein, daß Menschen ausgebeutet werden! Es muß nicht sein, daß der eine auf Kosten des anderen lebt; es muß nicht sein, daß Konflikte nur gewaltsam gelöst werden; es muß von Gott her nicht sein, daß der Mensch „der Wolf des Menschen" ist!

Eines noch: Es soll nicht verschwiegen werden,

daß diese Utopien den engagierten Christen selbst gewaltig erschüttern können.

Wer ernsthaft gemäß der Bergpredigt leben und handeln will, stellt dann auch erschreckt fest, daß er sich selbst andauernd verändern muß. Der engagierte Christ verändert die Welt, weil er selbst ein anderer wird. Und er wird selbst ein anderer, wenn er mit Jesus die Welt verändert.

Impulsfragen:

— Welches sind die Utopien des Evangeliums, die Sie zum Handeln treiben?
— Was läßt Sie Ihre Anfechtungen überwinden, wenn es Ihnen schwerfällt, an Liebe, Friede, Freude, Freiheit . . . zu glauben?
— Welche verbreiteten Schlagworte stehen nach Ihrer Meinung dagegen?

3 Der engagierte Christ ist in der Jüngergemeinde Jesu beheimatet

„Die Katholische Aktion, meine Pfarrgemeinde, bieten mir die Möglichkeit, wirksam werden zu können. Sie geben mir immer wieder neuen Antrieb, aber auch ein wenig Bestätigung. Ich glaube, die braucht jeder Mensch, auch der Christ, um darauf wieder aufzubauen, um daraus Kraft zu schöpfen für weiteres Tun.“ (Rolf U., 36 Jahre, Offizier)

„Ein Christ kann nie alleine Christ sein! Man muß als Christ dem anderen Hoffnung, Glaube und vor allen Dingen Liebe vorleben und weitergeben!“ (S. B., 43 Jahre, Sekretärin)

Wer Jünger Jesu sein will, findet sich im Kreise vieler, die Jesus nachfolgen. Das ist untrennbar verknüpft: „Ein Christ kann nie alleine Christ sein!“ Und so geschieht auch gemeinschaftlich, was der engagierte Christ auch für sich unternimmt:

— Jüngergemeinde, die Kirche, wie wir sagen, orientiert sich an Jesus: sie hört und bedenkt die Heilige Schrift und die Glaubenserfahrungen der Christen.
— Die Jüngergemeinde weiß sich verbunden mit diesem lebendigen Jesus; sie bringt dies feiernd zum Ausdruck am ersten Tag der Woche, an den Festtagen des Kirchenjahres und an den großen Wendepunkten des menschlichen Lebens.
— Die Jüngergemeinde lebt, was sie bezeugt und feiert: im brüderlich-geschwisterlichen Umgang miteinander; die Christen leisten einander vielfältige Dienste.

(Die Theologen bezeichnen dies als „Grundfunktionen der Gemeinde“ und reden von „Verkündigung, Liturgie und Diakonie“. Und sie reden von der „Sakramentalität“ der Kirche: davon, daß im Leben der Jüngergemeinde nicht nur menschliches Erinnern an Jesus von Nazaret, sondern auch wirkliche und tatsächliche Begegnung mit dem lebendigen, auferweckten Jesus Christus geschieht.)

Und so, wie der engagierte Christ in seinem Leben immer wieder feststellt, daß es große und kleine Schwachstellen, Rückschritte und Beschämendes gibt, so ergeht es auch der kirchlichen Gemeinde: auch sie bleibt immer wieder hinter dem zurück, was sie eigentlich leben und bezeugen will. Auch darin weiß sich der engagierte Christ mit den anderen Jüngern Jesu verbunden und distanziert sich nicht, sondern engagiert sich auch für die Überwindung von Mißständen.

Impulsfragen:

— In welcher Weise wissen Sie sich in einer kirchlichen Gemeinschaft getragen?
— Wie gehen Sie mit Fehlern und Fehlverhalten von Mitchristen, auch von Mitchristen in kirchlichen Ämtern um?
— Was kann der engagierte Christ zur Überwindung von Gegensätzen zwischen christlichen Konfessionen, aber auch zwischen einzelnen kirchlichen Gruppen beitragen?

4 Der engagierte Christ bezeugt in seinem Leben, woran er glaubt

„Ich versuche, im Beruf (für Schüler und Lehrerkollegen), als Firmhelfer, im Freundeskreis und besonders innerhalb der Familie möglichst viel von der Liebe weiterzugeben, die Christus uns geschenkt hat.“ (Regina V., 25 Jahre, Lehrerin an einer höheren Schule)

„Wie engagiere ich mich als Christ? Durch christliches Bekenntnis im persönlichen Leben und im Beruf.“ (Theodor Qu., 45 Jahre, Dipl.-Ing.)

„Ich glaube, daß es Menschen geben muß, die wenigstens versuchen, die Liebe Christi in der Welt spürbar und sichtbar zu machen.“ (E. N., 50 Jahre, Sekretärin)

Der engagierte Christ glaubt nicht nur an das Evangelium Jesu Christi; er ist auch glaub-würdig. Er will kein Heuchler und kein Pharisäer sein, der so tut, als wäre er perfekt.

Was bezeugt werden muß, ist, daß einer auf dem Weg ist, daß er nicht aufgibt, wenn er fällt oder sich verrannt hat; daß er umkehrt, wenn er sich auf dem Holzweg findet.

Der engagierte Christ ist kein Fanatiker und Prinzipienreiter. Ihm ist nicht jedes Mittel recht, um die gute Sache zu vertreten. Er weiß, daß Zwang und Gewalt den Zugang zu Jesus versperren können. Er weiß aber auch, daß der Weg der Nachfolge Jesu nicht in irgendwelchen ausgefahrenen Geleisen, sondern oft und oft neu zu suchen ist.

Der engagierte Christ strengt sich an und ist schöpferisch, wenn es um Aus-Wege aus verfahrenen Situationen geht. So weiß er sich im Fallen und im Aufstehen als Glaubender, als einer, der begründete Hoffnung hat.

Impulsfragen:

— Bedenken Sie einmal in Ruhe für sich selbst, wo Ihre „wunden Punkte" sind.
— Wo gelingt es Ihnen, Ihren Glauben mit Ihrem Leben zu bezeugen?
— Was hilft Ihnen, nach Rückschlägen neue Kraft und neue Hoffnung zu schöpfen?

5 Der engagierte Christ geht auf den anderen zu

„Ich nehme mir Zeit für ein Gespräch mit dem anderen — so einfach es auch klingen mag. Im Gespräch können wir einander sagen, was uns bewegt, was uns leitet ... Ein solcher Kontakt, der oft nur wenig Aufwand fordert und doch seine Spuren zurückläßt, zählt bei mir zum wichtigsten Engagement.“ (K. M., 19 Jahre, Student)
„Es gibt so vieles im Betrieb, wo man sagen könnte, gesetzlich ist es so und so. Doch dahinter stehen Menschen, die es betrifft. Mein Ziel ist es, für die Kolleginnen und Kollegen dazusein, ihnen in ihren Schwierigkeiten und Problemen zu helfen.“ (Erwin N., 44 Jahre, Betriebsratsobmann)

Der engagierte Christ verschanzt sich nicht hinter den tausend guten Gründen, sich nicht auf andere einzulassen. Er ist der, der den ersten Schritt macht, auch wenn er zunächst Ablehnung, ja Feindschaft erfährt.

Dem engagierten Christen ist der Nächste wichtiger als das eigene Prestige. Er nimmt sich Zeit, wo er eigentlich keine hat. Er läßt sich betreffen, wo es ihn eigentlich nichts angeht. Er engagiert sich, wo eigentlich alles nach Vorschrift läuft. Er redet mit dem, dem alle ausweichen. Er bietet seine Hand, wo er eigentlich davonlaufen sollte.

Der engagierte Christ biedert sich nicht an und redet keinem um des persönlichen Vorteils willen wider besseres Wissen nach dem Mund. Weil er Zeit hat für den anderen, hat er keine Zeit, über ihn abfällig zu reden. Der engagierte Christ spricht ein freies Wort, wo er von anderen abhängig ist. Er entläßt den in Freiheit, der auf ihn angewiesen war.

Impulsfragen:

— Welche Erfahrung machen Sie damit, daß Sie den ersten Schritt getan haben?
— Welche Grenzen zwischen Mensch und Mensch in unserer Gesellschaft gilt es nach Ihrer Meinung zu überwinden?
— Bedrückt es Sie, daß Ihnen bestimmte Menschen fremd sind?

6 Der engagierte Christ ist bereit, sich zu informieren und zu bilden

„Außerdem haben mir die vielen Schulungsmöglichkeiten in all den Jahren geholfen, meinen Horizont zu erweitern und mit der Zeit mitzugehen." (E. N., 50 Jahre, Sekretärin)

„In den Aktivistenrunden und Führungsgremien vollzog sich bei mir eine fortwährende Bildung." (Josef G., 53 Jahre, Schmied)

„In der KAJ wurde mir — aufgrund der praktischen Arbeit und des Prinzips ‚Sehen — Urteilen — Handeln' die Situation der Benachteiligten und Entrechteten in unserer Gesellschaft immer klarer." (Hildegard M., 37 Jahre, Organisationssekretärin)

Der engagierte Christ weiß, wofür er sich einsetzt. Wenn ihm Informationen fehlen, trachtet er danach, sie sich zu verschaffen.

Die Mühe, die er dabei auf sich nimmt, erspart ihm so manchen Mißerfolg und so manche Enttäuschung. Er gibt nicht viel auf Hörensagen, sondern erkundigt sich an Ort und Stelle. So ist er auch nicht verführbar und nicht zu mißbrauchen.

Dem engagierten Christen ist nicht leicht langweilig, weil er um die vielen Möglichkeiten weiß, weiterzulernen und sich weiterzubilden. Er geht mit offenen Augen durch die Welt und lernt zu unterscheiden zwischen seichtem Angebot und ernsthafter Herausforderung.

Der engagierte Christ ist kein „Fertiger". Er fängt

immer wieder neu an. So bleibt er aufgeschlossen und versteht junge Menschen auch in ihrem Anderssein. Daß es „immer schon so war“, hindert ihn nicht, über Alternativen nachzudenken.

Impulsfragen:

— Wenn Sie Zeitungen und Zeitschriften lesen: lassen Sie sich auch durch andere Meinungen herausfordern?
— Wie stehen Sie zu den vielfältigen Möglichkeiten zur Weiterbildung, die inbesondere auch von kirchlichen Einrichtungen angeboten werden?
— Wo fehlen Ihnen Informationen, und wie können Sie sich diese beschaffen?

7 Der engagierte Christ überdenkt sein Engagement

„Wie engagiere ich mich? Indem ich jeden Tag das Universum überdenke und Gott lobe für seine Weisheit, Güte und Vielfalt und dafür, daß er uns in Jesus Christus immer wieder die Augen öffnet, um auch Plagen und Leid ohne Gehässigkeit im großen Rahmen des Heils zu sehen." (Gernot E., 53 Jahre, Univ.-Prof.)

„Ein Hauptpunkt unserer Zusammenkunft in der Betriebsräterunde der KAB ist es auch, unsere Probleme aus der Sicht des Glaubens zu betrachten." (Erwin N., 44 Jahre, Betriebsratsobmann)

Der engagierte Christ macht auch Pause. Er unterbricht sein Engagement und geht dazu auf Distanz. Sonst fährt er im Kreis und verliert Ziel und Richtung.

Er bedenkt, was er in seinem Engagement getan hat, wie und warum er es getan hat. Er erstickt nicht im Aktivismus und kann auch einmal feiern. Er nimmt sich die Freiheit, sich für einige Zeit zurückzuziehen.

Der engagierte Christ überprüft seine Aktionen und stellt fest, was er erreicht hat und was nicht. Er läßt sich vom Evangelium in Frage stellen und ist bereit zur Korrektur. So geht ihm nicht leicht „die Luft aus", nicht die Ideen und die schöpferische Phantasie.

So vermeidet der engagierte Christ „Betriebsblindheit" und Starrheit. So läßt er immer wieder neue Impulse von Jesus her zu und vergißt nicht, in wessen Auftrag er eigentlich engagiert ist.

Impulsfragen:

- Wann haben Sie das letzte Mal „Pause“ gemacht?
- Erstickt Ihre Runde im Managen, oder erhält sie sich auch ihre Freiräume?
- Was hilft Ihnen am meisten beim Überdenken Ihres Engagements?

8 Der engagierte Christ läßt sich helfen

„Den Mut, mitzuhelfen bei Veränderungen, haben wir uns in den KAB-Runden gestärkt." (M. Sch., 41 Jahre, Angestellte)

„Wäre ich nicht zur Katholischen Landjugend gekommen, wäre mir sehr viel entgangen. Denn darin fand ich meinen Wecker, der mich wachläutete. Dadurch traf ich viele für mich wertvolle Leute." (Gerhard G., 27 Jahre, Schriftsetzer)

„Vor allem durch das ‚Sich-Zeit-Nehmen-zum-Reden' wurde mir von der KSJ sehr stark geholfen. Leute aus diesem Bereich, mit denen ich sehr oft beisammen bin, helfen mir immer wieder. Außerdem erhalte ich durch Veranstaltungen jeder Art sehr aufbauende und anregende Impulse." (Anni S., 18 Jahre, Schülerin)

Der engagierte Christ ist kein Held und kein Star. Er weiß, daß er auch in seinem Engagement auf andere angewiesen ist. Er weiß auch, daß er vieles im Alleingang niemals erreichen wird.

Er ist nicht unkritisch gegenüber kirchlichen Organisationen, aber er weiß, daß er sie braucht: zur Stärkung, zur Bildung, zur Erreichung von Zielen in unserer Gesellschaft. Der engagierte Christ ist kein Vereinsmeier, der sich in vielerlei Ämtern gefällt, er engagiert sich aber auch in Organisationen, weil er andere in ihrem Engagement wie auch sich selbst stärken kann.

Er findet es gut, daß es vielerlei und verschiedenartige Organisationen gibt. Aber er hat dafür wenig Verständnis, wenn sie gegeneinander arbeiten.

Der engagierte Christ prüft die Angebote, die Unterlagen und Zeitschriften und nimmt wertvolle Hilfen bereitwillig an. Er gibt gerne zu, wenn er etwas nicht kann oder weiß, damit ihm ein anderer seine Erfahrungen zur Verfügung stellt.

Impulsfragen:

— Wo haben Sie in kirchlichen Gruppen persönlich Hilfe erfahren?
— Wie haben Sie selbst in Ihrer Organisation anderen helfen können?
— Gibt es Prestigegründe, die Sie hindern, sich helfen zu lassen?

9 Zeugnisse engagierter Christen

Christen aus verschiedenen Gesellschaftsbereichen wurden gebeten, folgende Fragen zu beantworten:

1. Wie engagiere ich mich als Christ?
2. Wie bin ich dazu gekommen?
3. Warum engagiere ich mich?
4. Welche Hilfen boten mir die Katholische Aktion oder andere kirchliche Gruppen bei meinem Engagement als Christ?

Wir bringen vier dieser Zeugnisse in vollem Wortlaut:

Erwin N., kaufmännischer Angestellter (44 Jahre)

1. Wie engagiere ich mich als Christ?

Ich bin Angestellten-Betriebsratsobmann in einem Großhandelsbetrieb mit zirka 480 Angestellten. Ich bemühe mich, meine Funktion nicht rein nach gesetzlichen Maßstäben zu erfüllen, sondern auch den menschlichen Aspekt zu sehen. Es gibt so vieles im Betrieb, wo man sagen könnte, gesetzlich ist es so und so. Doch dahinter stehen Menschen, die es betrifft. Mein Ziel ist es, für die Kolleginnen und Kollegen dazusein, ihnen in ihren Schwierigkeiten und Problemen zu helfen.

2. Wie bin ich dazu gekommen?

Ich war in meiner Jugendzeit in der KAJ tätig. In der KAJ habe ich gelernt, mich mit den Problemen meiner Arbeitskameraden zu befassen. Das Motto von Cardijn „Sehen — Urteilen — Handeln“ hat mich beeinflußt. Auch hat mich die soziale Frage schon immer interessiert.

3. *Warum engagiere ich mich?*

Ich war mit meinem Vorgänger als Betriebsratsobmann nicht zufrieden, da er zu wenig für die Belegschaft machte. Außerdem bin ich der Meinung, wenn ich mich als Christ nicht engagiere, dann wird vielleicht im Betrieb etwas gemacht, was mir nicht gefällt, und ich muß es akzeptieren.

4. *Welche Hilfen boten mir die Katholische Aktion oder andere kirchliche Gruppen bei meinem Engagement als Christ?*

Ich bin in einer Betriebsräterunde der KAB. Wir sind hier Gleichgesinnte und tauschen unsere Erfahrungen aus. Ich habe hier die Möglichkeit, meine betrieblichen Probleme zu erörtern und auch nach Lösungsmöglichkeiten zu suchen. Ein Hauptpunkt unserer Zusammenkunft ist es auch, unsere Probleme aus der Sicht des Glaubens zu betrachten.

Elfriede K., Angestellte (58 Jahre)

1. *Wie engagiere ich mich als Christ?*

Ich engagiere mich in der Hauptsache auf der pfarrlichen Ebene; Stellvertretende Vorsitzende des PGR, Leiterin der Frauengruppe der KFB an der Pfarre, seit acht Jahren in den Vikariatsrat Wien-Stadt als Vertreterin der Region 1 entsandt. Nebenbei Mitglied des Katholischen Akademikerverbandes.

2. *Wie bin ich dazu gekommen?*

Hauptmotivation waren die Hinweise zweier bedeutender Priester der Kirche Wiens, Studentenseelsorger und Akademikerseelsorger, religiöses Wissen und Glaubenserfahrung an die Basis weiterzugeben.

3. *Warum engagiere ich mich?*

   Ich fühlte mich in meinem Gewissen verpflichtet, mitzuhelfen, anderen Menschen den Weg zu Gott zu zeigen.

4. *Welche Hilfen boten mir die Katholische Aktion oder andere kirchliche Gruppen bei meinem Engagement als Christ?*

   In allen Gliederungen der Katholischen Aktion, denen ich angehörte (KHJ, KAV, KFB), fand ich die mir am besten erscheinende Form, mich selbst religiös und geistig weiterzubilden und dieses Gut weiterzugeben. Im besonderen schätze ich an der Katholischen Aktion, daß sie frei von Engen und Zwängen ist.

Monika H., Einzelhandelskaufmann (21 Jahre)

1. *Wie engagiere ich mich als Christ?*

   Das wichtigste in meinem Engagement ist das Gespräch, das Zuhören und das Vertrauenschenken. Ich lebe mit einfachen Leuten, sie sind meine Freunde (hauptsächlich Arbeiterjugendliche). Ihre Probleme sind meine Probleme: ich bin z. B. über ein Jahr arbeitslos gewesen. Ich versuche meine Erfahrungen im Kampf für Gerechtigkeit und Solidarität weiterzugeben und die Freunde zu einem bewußten Leben zu führen. In unseren Gesprächen geht es also um die konkreten Probleme meiner Freunde.

   Ein weiterer Schwerpunkt ist die politische Aktion für die Rechte der Arbeiterjugend und die Organisation von Veranstaltungen der KAJ.

2. *Wie bin ich dazu gekommen?*

Ich komme aus einer sozialistischen Arbeiterfamilie. Meine Eltern haben mich christlich erzogen. Als Arbeiterkind erfuhr ich bald, welche Stellung ich in der Gesellschaft habe, und als Mädchen wurde mir in der Familie — ich habe drei Brüder — ebenso meine Stellung bewußt: Entweder ich ordne mich in meine untergeordnete Stellung ein oder ich wehre mich. Ich entschloß mich für letzteres. Durch Zufall kam ich zur KAJ, ich lernte hier Freunde kennen, die mich und meine Handlungen in Frage stellten. Mir wurde mein Leben noch bewußter. Wir besprachen in der KAJ-Runde mein Lehrlingsdasein und auch Probleme, die mir erst mit der Zeit voll bewußt wurden: z. B. die Situation der Arbeiterjugend insgesamt, meine Probleme haben ja auch andere Jugendliche.

Durch Bildungswochenenden, Sommerwochen, Studientage der KAJ lernte ich viele Freunde in ganz Österreich kennen. Ich lernte gesellschaftliche Probleme, wie Atomkraftwerke, Rüstung, Arbeitslosigkeit, beurteilen und machte bei den verschiedensten Aktionen mit.

3. *Warum engagiere ich mich?*

Die Menschen sind mir nicht egal.

Ich sehe Probleme: meine eigenen und die meiner Kollegen.

Meine Erfahrung ist, daß Veränderung möglich ist, und zwar die persönliche und auch die gesellschaftliche Veränderung.

Die Kraft, für andere Menschen einzutreten, ihnen zur Seite zu stehen, schöpfe ich aus der Erfahrung, daß ein besseres Leben möglich ist. Ich würde das mit „schon im Reich Gottes“ sein vergleichen — zumindest zum Teil. Also — meine positiven Lebenserfahrungen sind Auferstehungserfahrungen.

4. *Welche Hilfen boten mir die Katholische Aktion oder andere kirchliche Gruppen bei meinem Engagement als Christ?*

   Die Hilfen durch die Katholische Aktion erfuhr ich direkt durch die KAJ als Laienbewegung! Gruppenstunden, Kurse, Studientage, persönliche Stütze durch Freunde aus der KAJ in schwierigen Zeiten, finanzielle Unterstützung bei Kursen (z. B. der Dreimonatskurs im Betriebsseminar in Linz, für den die Katholische Aktion einen Großteil der Kosten trug). Das sind die konkreten Hilfen, die ich erhielt.

Gerhard G., Metteur (27 Jahre)

1. *Wie engagiere ich mich als Christ?*

   Ich soll anderen Menschen helfen, sich selbst und zu Gott finden helfen. Dies versuche ich in meiner Umgebung, indem ich in der Pfarre versuche, diese zu beleben (z. B. mit Pfarrbriefen, Aufbau von Jugendgruppen usw.). Die Jugendarbeit ist aber mein größtes Anliegen: Wir müssen den Jugendlichen vertrauen, ihnen etwas zutrauen! Dabei arbeite ich im Dekanat und in der Diözese bei der KJL, wobei mir in der Diözese auch die interne Arbeit wichtig ist.

   Viele Menschen resignieren in unserer Gesellschaft: Sie sagen, da kann man nichts machen, wir sind benachteiligt . . . Dies hat mich zur Mitarbeit bei einer Lokalzeitung animiert: Ich versuche Ungerechtigkeiten usw. aufzuzeigen. Ich weiß nicht, wie weit es gelingt ... Seit einem Jahr bin ich bei einer Bibelrunde. Ich merkte, wenn ich so viel bei Menschen bin, brauche ich etwas, wo ich Kraft tanken kann. Die Bibelarbeit macht mir Freude, ich merke, daß ich sie brauche — daß ich IHN brauche. Es muß diese Aussage der Bibel gelebt werden ... !

2. *Wie bin ich dazu gekommen?*

Bewußt darauf gekommen bin ich vielleicht in der Schule. Religion interessierte mich. Dann ging ich zur KJL in unserer Pfarre und kam ins KJL-Dekanatsteam. In dieser Zeit wuchs mein eigenes Glaubensverständnis. Mir wurde klar, daß ich Gott brauche. Daß ich zu Gott eine Beziehung brauche und diese ganz persönlich sein muß. Dies will ich jetzt im Gebet nicht vermissen, denn das Gebet ist ein Gespräch mit Gott.

Die Kraft für mein Leben holte bzw. hole ich mir auch von den Mitmenschen. Ich brauche einfach das Gespräch mit den anderen jungen Menschen: Ihre Probleme, ihr Leben, ihr Glaube, mein Leben, mein Glaube — zuhören, Zeit für den anderen haben. Quellen waren für mich auch unser Dekanats-Jugendseelsorger, ein Taizé-Besuch und in der Folge das Diözesanteam, in dem neue Aspekte in mein Leben hineinkamen: Mir wurde bewußt, daß Jesus irgendwie ein Revolutionär war und sich für die Armen und Benachteiligten einsetzte, und dies wirkte sich auch bei mir aus.

Im letzten Jahr holte ich mir die Kraft von der Bibel bzw. aus dem Bibelgespräch mit einigen Jugendlichen.

3. *Warum engagiere ich mich?*

Wir dürfen Gott unseren Freund nennen. Er hat

uns sein Leben vorgelebt (für uns) und uns einen Auftrag gegeben, uns zu seiner Nachfolge aufgefordert. Er gibt unserem Leben den Sinn. Wir alle sind aufgefordert, die Nachfolge anzutreten, jeder mit seinen Talenten und Fähigkeiten. Die Mitmenschen brauchen uns. Der Jugendliche in der Pfarre wie auch der in Westösterreich oder Lateinamerika braucht den Mitmenschen, sei es im Gespräch oder durch Solidarität.

4. *Welche Hilfen boten mir die Katholische Aktion oder andere kirchliche Gruppen bei meinem Engagement als Christ?*

Wenn ich nicht zur KJL gekommen wäre, würde mir sicher viel „entgangen" sein. Denn darin fand ich meinen Wecker, der mich wachläutet. Dadurch traf ich viele für mich wertvolle Leute. Mein Konsumdenken wurde zumindest teilweise zerschlagen. Ich erfuhr in der KJL (Dekanat und Diözese), daß es Wichtigeres gibt.

Nachwort

Die Entstehungsgeschichte dieses Buches reicht einige Jahre zurück. In der Mitte der siebziger Jahre hat die Katholische Aktion Österreichs eine Reihe von Publikationen zu Schwerpunktthemen begonnen: „Chancen und Gefährdungen des Menschen heute“ (1978) — „Wie heute leben? Auf der Suche nach einer christlichen Lebensweise“ (1980). Diese „Behelfe“ dienten der Bildungs- und Gruppenarbeit in den verschiedenen Gliederungen, vor allem in den Pfarren. Zuletzt wurde immer häufiger nach der „Spiritualität“ gefragt, nach dem Geist, der den Glauben, das Handeln und das Engagement des Christen bestimmt. Dies war der Anlaß für die Entstehung dieses Buches.

Ein Kreis von Mitarbeitern und Autoren entwarf das Grundkonzept, drei Autoren verfaßten Textentwürfe, in Arbeitskreisen wurden diese Entwürfe, zum Teil mehrmals, überarbeitet und zuletzt einem Kreis von Mitarbeitern der Katholischen Aktion zur Begutachtung vorgelegt. In der Endredaktion wurden nochmals Veränderungen vorgenommen, sodaß nun ein Text vorliegt, an dem außer den drei Autoren noch viele bewußte und engagierte Christen mitgeschrieben haben. Ihnen allen sei damit der Dank gesagt. Besonders genannt sollen nur jene werden, die den Entstehungsvorgang durchgehend gestaltend und kritisch begleiteten: Irmgard Aschbauer, Josef Scherer und Friedrich Wolfram. Viele ihrer Gedanken und Formulierungen stehen in diesem Buch.

Es wurde nicht versucht, die je verschiedenen Stile der drei Teile zu vereinheitlichen. Vollständigkeit wurde nicht angestrebt. Vieles ist vom Bemühen bestimmt, Impuls zu geben für das eigene Nachdenken und die Gespräche in Gruppen. Deshalb auch die Hinzufügung von Impulsfragen. Ein wesentlicher Teil ist ausgespart — die Sakramente. Dazu verweisen wir auf das entsprechende Buch „Zeichen der Hoffnung" von Wilhelm Zauner und Johannes Singer (ebenfalls im Verlag Herder).

Es ist kein Zufall, daß die Arbeit an diesem Buch in die Vorbereitungszeit auf den Österreichischen Katholikentag und den Papstbesuch fällt. Die Kirche Österreichs will nicht nur in einem einmaligen großen Fest Zeugnis von der Hoffnung geben, die uns bewegt, sondern auch weiterhin daran arbeiten, daß unsere Hoffnung glaubwürdig bleibt.

Die Katholische Aktion Österreichs hofft, daß dieses Buch vielen Christen hilft, ihr christliches Leben zu überdenken, zu orientieren und zu vertiefen!

Ing. Dkfm. Georg Kopetzky
Generalsekretär der
Katholischen Aktion Österreichs

P. Dr. Alois Kraxner
Geistlicher Assistent der
Katholischen Aktion Österreichs

Eduard Ploier
Präsident der
Katholischen Aktion Österreichs

Weiterführende Literatur

„Neues Glaubensbuch", hrsg. v. J. Feiner und L. Vischer, Herder 1973 (ein ökumenisches Glaubensbuch)

„Grundriß des Glaubens" (katholischer Katechismus), Kösel / Bernward / Butzon & Bercker / Morus 1980

„Botschaft des Glaubens" (katholischer Katechismus), Verlag Ludwig Auer 1978

„Ein katholischer Katechismus" (aus dem Amerikanischen), Kösel 1976

„Glaubensverkündigung für Erwachsene" (Holländischer Katechismus), Herder 1969

„Christ sein", v. Hans Küng, Piper 1974

„Befreit von Angst und Einsamkeit", v. Paul Weß, Styria 1973

„Evangelischer Erwachsenenkatechismus", Gütersloher Verlagshaus Gerd Mohn 1975, ergänzend dazu erschienen im gleichen Verlag: „Werkbuch zum evang. Erwachsenenkatechismus", „Evangelischer Gemeindekatechismus", „Vom Glauben erzählen, Lesebuch zum ev. Erw. Kat.", „Was wir glauben, Taschenbuch zum ev. Erw. Kat."

Ergänzend zum vorliegenden Buch, über die Sakramente: „Zeichen der Hoffnung", v. W. Zauner und J. Singer, Herder 1982